中国道教脉络

王卉 著

中国财富出版社

图书在版编目（CIP）数据

中国道教脉络／王卉著．—北京：中国财富出版社，2013.6
ISBN 978－7－5047－4531－6

Ⅰ．①中…　Ⅱ．①王…　Ⅲ．①道教史—中国　Ⅳ．①B959.2

中国版本图书馆 CIP 数据核字（2013）第 029046 号

策划编辑　初景波　　　**责任印制**　方朋远
责任编辑　白　昕　白　柠　　　**责任校对**　梁　凡

出版发行　中国财富出版社（原中国物资出版社）
社　　址　北京市丰台区南四环西路 188 号 5 区 20 楼　　**邮政编码**　100070
电　　话　010－52227568（发行部）　　010－52227588 转 307（总编室）
010－68589540（读者服务部）　　010－52227588 转 305（质检部）
网　　址　http://www.cfpress.com.cn
经　　销　新华书店
印　　刷　北京京都六环印刷厂
书　　号　ISBN 978－7－5047－4531－6/B·0351
开　　本　710mm×1000mm　1/16　　**版　　次**　2013 年 6 月第 1 版
印　　张　12.25　　**印　　次**　2013 年 6 月第 1 次印刷
字　　数　148 千字　　**定　　价**　28.00 元

编者按

“这是最好的时代，这是最坏的时代……”对于图书行业而言，我们面临的境况仿佛恰好可以印证狄更斯的这段前后矛盾却又并行不悖的话，一方面是图书出版的空前繁荣，另一方面是阅读耐心的大幅下滑。现在的读者朋友们既急于了解中国古代优秀传统文化的知识，又没有那么多的时间去阅读学术专著和经典古籍。怎样才能够避免各种因臆说、戏说造成的流俗谬见，以还原历史的真实面貌，给读者朋友提供传统文化的某种真精神？怎样才能够避免高头讲章、枯涩说教带来的空洞感、困倦感，以尽量自然和灵动的笔法来书写，使读者能够在兴味盎然的阅读中获得传统文化的真知识？这是对图书策划提出的新要求、新挑战。

解决这一问题，一要靠好的立意，二要靠好的作者。我们在策划这套国学通识读本的时候，就确定了“通俗而不媚俗，生动而不歪曲”的原则。通俗生动是我们全力追求的效果，但是我们不能过度，走向为了好看好懂、为了献媚邀宠于读者而不惜胡言乱语的极端。文化有其严肃的内容，我们不能回避或者抹杀。我们经常将国学经典称作“圣贤书”，圣贤之所以为圣贤，一定是在知识、智慧、道德、境界等某些方面比我们一般大众要高出一点儿的，否则他们就不是圣贤，我们也没有阅读这些的必要了。为了获得高出的那一点儿，读者朋友需要有基本的阅读耐心和理解新知识的兴趣。有些所谓学术明星的畅销书，给读者挠痒痒，让读者看书有一种“原来圣贤与我想的一样”“真是正中下怀”之感，可是如果真的已经水平一致了，我们还读它干什么呢？

因此，我们不能为了好读易懂牺牲真实的历史和原汁原味的思想文化，必须在兼顾两者的原则下寻找最佳的表达。这个原则的真正落实，需要有一个非常优秀的作者群。我想起了我的一位老师——谢路军教授，这个为了从事学术研究而放弃了原学校分配的房子、住进了哲学系资料室的老师。谢老师是山东鱼台人，典型的儒家气质，骨子里带着一种真诚、谦和与厚道；读书时专攻佛教，先后师从楼宇烈、方立天两位先生，得名家亲炙；到了中央民族大学后，又在牟钟鉴先生的鼓励下研究起了道家、道教，成果颇丰，还写了一本卖得很好的《中国道教源流》。现在，谢老师在学校和其他很多地方讲授“儒释道三教关系”，反响热烈，应邀不暇——还有比这更合适的作者吗？

于是，在编者的盛邀之下，谢路军教授担任了这套丛书的主编，并亲自撰写其中的一本。其他作者也都是谢老师组织、联络的，他们都是北京大学、中国人民大学、中央民族大学等著名高校的年轻博士和讲师，有深厚的学术功底，又具着眼时代的新意。谢老师以“脉络”为本套丛书命名，脉络就是来龙去脉，是提纲挈领，是点线成面。我们希望这套丛书能够成为关于国学的通俗的简史、扼要的说明书和生动的简笔画，成为读者了解我国优秀传统文化的入门佳作。

编　者

2013 年青年节

目　录

第一章

道教的孕育与诞生——先秦两汉

一、古代宗教和民间巫术

人类初期，也就是在原始社会阶段，古人对一些自然现象包括人类生产活动和情感意识活动的变化，由于认识水平以及实践的局限，不能做出合理的解释和说明，便把日月星辰、海河山川和祖先等视之为神灵，加以祭祀。先民们崇拜自然，其目的是为了祈福免祸，祈求它们保佑人类风调雨顺、五谷丰登，这也反映了早期人类生存对自然的依附。在这个基础上人们才有了自然神观念和自然崇拜，有了形形色色的原始巫术和鬼神信仰。这些传统的自然鬼神观念和古代的宗教思想，成了后来道教创立时的重要思想来源之一，因而也使道教具有了浓郁的神话色彩。

1. 自然崇拜和祖先崇拜

所谓自然崇拜和祖先崇拜，就是对大自然神灵和对本民族死去先人的信仰。据考古发现，中国人的祖先最早产生宗教意识大约是在公元前10万年至公元前5万年的旧石器时代晚期。1933年考古学家们在曾发现著名的“北京猿人”头骨的北京市周口店龙骨山山顶洞穴内发现了“山顶洞人”遗址，他们发现山顶洞人在埋葬尸骨时，头颅均朝向一个方向，尸骨旁还放有石制的纺轮、箭镞等较精致的陪葬物，同时撒了一些只有几百里路以外才有的赤铁矿粉。裴文中在《中国石器时代》一书中说道：“山顶洞人还用赤铁矿做红色染料，将装饰品染成红色。尸体旁边的土石上，也撒上赤铁矿粉末，染成红色。”①贾兰坡指出：“在人骨的周围散布有赤铁矿粉末，是墓葬可靠的标志。”考古学家们指出的山顶洞人对赤铁矿粉的两个用途，可能都带有信仰的目的。其一，用赤铁矿粉为染料，把石珠、带孔的牙齿、边缘钻孔的鲩鱼眼上骨染成红色，置于尸体旁边作为陪葬品，显然不仅仅是为了审美，吸引异性，同时也借此表达生者对死者的某种态度、感情和愿望；其二，在人骨四周撒上赤铁矿粉，把尸体旁边的土石染上红色，一方面，有驱除野兽的作用，即实用的目的；另一方面，这种红色的物质，可能被认为是血的象征，人死血枯，加上同色的物质，希望他（或她）们到另外的世界得到永生。这说明在山顶洞人的头脑里已开始有了人死后将到另一个世界去生活的简单观念。

灵魂信仰并非与生俱来，它是人类思维发展到一定阶段的产物。在我国的元谋人和北京人时代，人死，弃尸于野，被鸟兽分食，其处理死人的方式与动物没有什么两样，不具备灵魂信仰产生的条件。到了山顶洞人时代，山顶洞的四分结构，活人、死人、动物分开，表明人类有了两个世界的观念。对外界来说，人已经懂得把人与自然界分开，把人与动物分开；对人类自身来说，把

① 裴文中：《中国石器时代》，北京：中国青年出版社，1954年，第35页。

活人与死人分开，把生与死分开，从而产生了人死后到另外世界生活的灵肉可以分离的灵肉二元观。考古遗存所见把死人的躯体安置于专门的地方，为其准备随葬品，供其在另一世界使用；在尸体旁放置装饰品，以取悦死者；撒抹红色赭石粉，以求死者的血液畅通，生命在另一世界延续，凡此种种，正是原始灵魂观的一种表现。灵魂不死的观念是一切宗教普遍具有的特征，而中国古代鬼神观念中的灵魂不死观念对道教的影响是不容忽视的。

大量的考古发掘和遗存至今的中国古籍记载表明，自然崇拜的产生同中国古代的居民较早从事农业生产、摆脱自然的束缚有直接的关系。农业生产收成的好坏与丰歉，在当时生产技术水平极为低下的情况下，完全依赖于自然存在以及变化条件的优劣。先民们就自然而然地认为各种自然现象由各种神通广大的神灵所掌握，大自然一切现象的生灭变化都是由神灵掌握的。如果丰收了，是大自然神灵对人的恩赐；如果歉收，那就是大自然神灵对人的惩罚。由于四季运行及天气变化的好坏对农业生产至关重要，它高深莫测，并统揽了整个宇宙。由于太阳给人带来温暖、光明，影响着白天与黑夜的更替，关系到一年四季春夏秋冬的变化，同时，太阳能使万物生长发育，给人类带来丰富的食物，因此，人类早期各个民族的先民都特别崇拜太阳神。后来慢慢地演变为对一切认为与农业生产有关的其他自然现象，如土地、月亮星辰、风雷雨电、山河湖海、草木鸟兽等，也都加以崇拜。从中国新石器时代（约公元前5000年—公元前2000年）几个考古遗址——山东省泰安大汶口文化遗址、浙江省余姚河姆渡文化遗址、甘肃省临洮马家窑文化遗址等地已发掘出土的器物上，都绘刻着表示对天体日月星辰崇拜的图形。

江苏邳县大墩子 1966 年出土大汶口文化中期
八角星纹彩陶钵，距今 5000 多年前

祖先崇拜对于中国古代先民极为重要，相传古代中国的人们由于无法抵御水灾等自然灾害，只能联合起来，在杰出的英雄人物领导下抗御灾害，因此，祖先中杰出的英雄人物就显得特别重要，于是就形成了对祖先中英雄人物的崇拜。并希望能够在任何困难面前，都得到他们的庇佑，传说中的伏羲、女娲、三皇五帝，就是这样的人物。后来，又将这种对祖先中杰出人物的崇拜，扩大到对历史上曾经出现过的一切具有杰出才能，对人类有过杰出贡献，以及个人品德优秀的人物，如帝王、大臣、将军、医生、慈善家等。由此，也造成了中国自古以来把对长辈是否遵从和尊敬看成是做人的一项首要品德，提倡“以孝为先”，极为注重“孝道”。同时，特别重视死人的埋葬，形成了用大量财物对死亡者进行厚葬的习俗。这种习俗一直延续到近代。

到了公元前 2000 年至公元前 1000 年左右的殷商时代，人们已经从原始的图腾和自然崇拜发展到以“上帝”和祖先鬼神为中心的“敬天祀祖”。人们把认为能代表“天”的意旨、具有至高无上权威的神灵，称之为“神”；对宗族祖先或对本族有功而死去的鬼魂，称之为“鬼”；把专门从事与鬼神沟通的人，称之为“巫祝”。大量发掘出土的甲骨文说明，当时人们无论在进行征战、祭祀、狩猎和耕作等重大活动之前，以及预测一年收成丰歉、生男生女、凶吉祸福、天气旱涝、用人畜的多寡等，都要在龟甲兽骨上占卜，请命于上天。通过鬼神对先民的某种神秘的暗示，引导先民们的生产生活实践，可见对自然的崇拜之盛行。

取代殷商王朝的周王朝（公元前 11 世纪—公元前 1 世纪），继续沿袭了殷商时代对鬼神的崇拜，神权与王权更为紧密地结合在一起，国王不仅要听命于“天”，并进一步认为国王就是“天神之子”，是代表“天神”的意志来统治和管理世间的。而且制定了一套严格的祭祀“鬼神”的制度，规定只有天子（即国王）才可以“遍祭群神”，各地诸侯可以“祀天地、三辰及其土之山川”，一般百姓则只能祭祀自己的祖先。中国古代流传下来的古籍中，关于颂扬天神、祭祀鬼神的各种制度以及认为由于人冒犯了鬼神而受到疾病或灾难的惩罚的记载，相当地普遍。如《尚书》的“尧典”、《礼记》的“祭义”、《周礼》的“大宗伯”等。此外，道教在创建道教组织的过程中，又吸收了当时许多中国西南地区少数民族对本民族祖先的崇拜和对自然神的崇拜，以及崇拜仪式。据中国河南省中州古籍出版社 1993 年出版的《道教手册》称，道教崇拜的神灵就其来源，可归为八类。这八类是：①由中国古代各民族图腾崇拜和自然崇拜演化而成的神灵；②由中国古代祖先崇拜和后来历代圣贤英雄演变而成的神灵；③中国社会大一统形成初期（约公元前 3 世纪—公元前 1 世纪）形成的对五岳（泰山、衡山、华山、恒山、嵩山五座山）、四渎（长江、黄河、淮河、古代流经河南省和山东省的济水四条河）之神灵的崇拜；④中国社会大一统中期（约公元5—9世纪时）盛行的对天、地、四方（东南西北四方）以及城隍、土地之神灵的崇拜；⑤中国社会大一统后期代表大一统思想逐步形成的对“三清”（道教至高无上的三位最高天神）、“四御”（道教中统治天界的三位天帝和一位天后）的崇拜；⑥从佛教中吸收过来的神灵，如慈航道人、普贤道人等；⑦各民族、各地区原来的地方神、民俗神和行业神；⑧道教创立后，历代各派祖师、修炼而成的仙人，著名的修道隐逸之士。由此可见，虽然道教所崇拜的神灵有源自上古时代的自然神和祖先，但是随着中国社会历史的发展而不断增加。

2. 宗天神学

自秦始皇统一中国至道教产生时的300余年间，秦汉统治者为了巩固自己的统治地位，大力借用宗教神学来为自己的统治作论证，如秦始皇“以为周得火德”，而秦代周则应为“水德”，于是下令衣服、旄旌、节旗等“皆尚黑”（水配黑色），以此来迎合“五德终始”之说，又东巡封禅、祭祀泰山之神及齐鲁地区的“八神”；汉武帝则试图借鉴历史上“圣人以神道设教而天下服”的经验，“借鬼神之威，以声其教”，设立祭坛以祀鬼神，他曾在长安东南郊设立“泰一祠坛”，又设“五帝坛”环居其下以求能得神灵佑护；汉哀帝时神祠已多达700余所，“一岁三万七千祠”。秦汉统治者对鬼神的崇信，在社会上产生了巨大影响，这为宗教神学的孳衍提供了适宜的环境。

为适应封建统治阶级利用神权维护皇权的需要，董仲舒的宗天神学也应运而生。他援引阴阳五行说，重新解读儒家经典，建立了一套以天人感应为核心的神学体系。他把天说成是有意志，有目的，能支配一切的最高主宰，具有无上的权威，是“百神之大君”，认为自然界日月星辰的运行，春夏秋冬四季的更替，人类社会的治乱兴衰，吉凶祸福，都是由这个大君的意志所决定的。而帝王则是“承天意以从事”。当帝王的行为体现了天意，积善行德，天就降福瑞任命他、嘉奖他，当帝王违背了天的意志，有了过失，天就降灾异警告他，让他改过。如果屡教不改，就要受到天的惩罚。这种天人感应思想，实际上是一种“善恶报应”思想的表现，是宗教思想的核心内容，他为封建专制中央集权的统治提供了理论依据。这种宗天神学，纵贯于昭、宣、元、成、哀、平各代，在政治生活中起到了极为重要的作用。董仲舒不仅以阴阳五行说附会儒家经义，而且还创造求雨、止雨仪式，登坛祈祷做法，集儒生、巫师、方士于一身，他将儒学加以宗教化，促使儒生与方士合流。天人感应论和善恶报应说是宗教思想的核心内容，它为社会出现新宗教提供了哲学理论基础。

长沙马王堆汉墓帛画

此外，灵魂不死的观念在这一时期也很流行，如马王堆汉墓中出土的帛画即绘有人死后灵魂所去的“天堂”及“黄泉”。

3. 谶纬神学

谶纬之学是道教的思想渊源之一。谶是一种假托神意制造的政治语言，“诡为隐语，预决吉凶”，源于巫师和方士，由来已久。“纬”是以神意来对儒家经典所做的解释。把儒家六经宗教化，把孔子神化为超人的教主，合称谶纬之学。由董仲舒开始的儒学宗教化，在汉王朝统治者的提倡支持下，日益发展，以致托神意制造政治预言的谶语和以神意解释儒家经典的纬书所表现的谶纬神学空前活跃起来。

其实早在反秦斗争中，人们就不断利用谶语的形式，作为政治斗争的精神武器。秦始皇三十二年，被派入海求仙的燕国人卢生回来了，他给秦始皇献上了《录图书》，上面写着“亡秦者胡也”。据说这个“胡”字是指胡亥，可是秦始皇误解为是胡人，就派将军蒙恬率兵三十万去攻打北方的胡人，夺取了黄河以南的土地。这儿所说的《录图书》，据《资治通鉴·秦纪》胡三省的注就是后世所谓的谶纬之书。陈胜与吴广谋起事时，受卜者“卜之鬼”的启发，丹书鱼腹，丛祠狐鸣，制造了“大楚兴，陈胜王”的谶语，借鬼神以“威众”。汉高祖刘邦起义则有斩白蛇的故事。传说，公元前212年，时任泗水亭长的刘邦奉命押送一批刑徒从沛县前往骊山参加修筑始皇陵。但出发不久，自知到了骊山必定有去无回的刑徒们就开始纷纷逃跑。刘邦发现之后大为恐慌。他估计，照这样下去，到不了骊山，刑徒们就都会跑光，自己犯了失职大罪，也会免不了一死。刘邦想与其是死，还不如索性成全大家。于是，当队伍到达丰西泽中时，刘邦喝了些酒，然后松开了刑徒们身上的绳子，让他们自己逃命去。但有十几个人不愿意丢下刘邦一个人走，都表示愿意跟着他。刘邦接受了他们，当晚刘邦一行十多人在泽中小道逃跑。突然，一条大蟒蛇挡住了前面的逃路。同伴们见到大蛇，吓得要往回走。刘邦知道，往回走一定会被官府追兵杀死，此时已经没有退路。他也不知哪里来的一股勇气，一声大喝："壮士行，何畏!"说完拔出三尺青铜宝剑，毫无畏惧地走上前去，将挡道大蛇斩为两段。然后带领同伴们继续前进。传说，一会儿后边的人赶了上来，对他说在路旁看见一个老太太哭，问她原因，她说有人把他的儿子杀了。又问为什么被杀，她说他的儿子是白帝的儿子，化成一条蛇，在此挡道，如今被赤帝的儿子斩杀。众人以为老太太在造谣惑众，威胁说要打她，老太太却忽然消失不见了。刘邦从此知道自己是真龙天子，更加自负。而追随的众人听了此事之后，也更是对刘邦敬畏有加，甚至崇拜起来。刘邦当了皇帝，为了在其宝座上涂上神圣的光辉，御用文人为他编造的神话更多，纬书甚至说在孔子时就知道刘季（即刘邦）要当皇帝。

整个汉代，谶纬都很盛行。王莽篡汉称帝，也大造符谶作舆论，所谓丹书著石"告安汉公莽为皇帝"，就是露骨的一例。汉光武帝刘秀更是靠图谶登上帝座，所以更加崇信谶纬，到他临死的前三个月，即中元元年（公元3年）十一月"宣布图谶于天下"，使谶纬法定化，促进了神学思潮的泛滥。谶纬所反映的神学思想是多方面的，卿希泰先生在《中国道教史》一书中据有关资料将其分为八类：第一，有关"天人感应"思想；第二，有关星占吉凶；第三，关于司过之神与三尸；第四，有关巫术去鬼；第五，关于呼神（五岳神、四海河神、五官神）防病、却鬼术；第六，关于昆仑山与西王母；第七，关于黄帝的神话；第八，对孔子的神化。

由此可以看出谶纬神学思想表现在各个方面：天人相互感应，星象预示吉凶；人的寿命来自"天赐"，为善作恶影响寿夭；巫术可以驱鬼，呼神亦能却鬼；昆仑山是圣人仙人集聚之所，西王母为赐授仙经、指引修道之神；黄帝原为北斗黄神，即位后一道修德，唯仁是行，最后乘龙上天；孔子是“黑龙”之种，有感天之灵，俨然是一位宗教教主。总之，谶纬神学使儒学进一步宗教化了。它吸收一些神仙思想和鬼神观念，宣传其政治伦理主张，更好地为封建统治服务，从而也为孕育和产生道教，造成了适宜的气候和土壤，并提供了一定的思想资料。同时，鬼神崇拜、神仙思想以及黄老思潮也与宗天、谶纬神学互相掺和，成为道教产生的重要条件。

二、春秋战国时期的神仙之说和方士方术

众所周知，神仙信仰是道教的核心思想，李养正先生说：“不论道教的教义及道术多么庞杂，其教义的核心仍是神仙信仰。”[①]卿希泰先生主编的《中国道教史》也曾指出：“道教以求长生不死、修道成仙为主要目标，神仙思想是道教理论的重要组成部分。”[②] 春秋战国时期兴起的神仙思想孕育了道教理论的形成。

1.《庄子》的神仙思想

《庄子》又名《南华真经》，被道教人士尊为教中秘典。书中有不少关于神仙的生动描述，契合了道教长生不死的基本信仰。

《庄子》的神仙思想主要体现在书中关于真人、至人、神人、圣人的描写上。例如《大宗师》里的真人登上高处不战栗，下到水里不会沾湿，进入火中不觉灼热。他睡觉时不做梦，他醒来时

① 李养正：《道教概说》，北京：中华书局，1989 年，第 243 页。
② 卿希泰：《中国道教史》第一卷，成都：四川人民出版社，1996 年，第 59 页。

不忧愁，他吃东西时不求甘美，他呼吸时气息深沉。“真人”呼吸凭借的是着地的脚根，而一般人呼吸靠的只是喉咙。不懂得喜悦生存，也不懂得厌恶死亡；出生不欣喜，入死不推辞；无拘无束地就走了，自由自在地又来了。

《齐物论》里的至人林泽焚烧不能使他感到热，黄河、汉水封冻了不能使他感到冷，迅疾的雷霆劈山破岩、狂风翻江倒海不能使他感到震惊。可驾驭云气，骑乘日月，在四海之外遨游，死和生对于他自身都没有变化。

《逍遥游》里的神人皮肤润白像冰雪，体态柔美如处女，不食五谷，吸清风饮甘露，乘云气驾飞龙，遨游于四海之外。《天地》里的圣人：“千岁厌世，去而上仙，乘彼白云，至于帝乡。”《在宥》中也说道：“无劳汝形，无摇汝精，乃可以长生。”

这些“神人”、“至人”、“真人”身上，都有“长生不死”的特点。追求长生不死是神仙思想的核心内容，也是神仙最令世人向往的地方。其实早在春秋晚期，长生不死传说就已经露出端倪。如《左传·昭公二十年》云：“齐侯（齐景公）至自田，晏子侍于遄台，子犹驰而造焉。……饮酒乐。公曰：‘古而无死，其乐若何？’晏子对曰：‘古而无死，则古之乐也，君何得焉？’”又《韩诗外传》云：“齐景公游于牛山之上，而北望齐，曰：‘美哉国乎！郁郁蓁蓁。使古而无死者，则寡人将去此而何之！’俯而泣下沾襟。”以上这两则材料都反映了齐景公对于“古而无死”的羡慕和向往。

而到了庄子所处的战国中期，齐、燕沿海地区已经掀起了一个入海求仙的热潮，《史记·封禅书》对此已有明确的记载：“自威、宣、燕昭使人入海求蓬莱、方丈、瀛洲。此三神山者，其传在勃海中，去人不远；患且至，则船风引而去。盖尝有至者，诸仙人及不死之药皆在焉。其物禽兽尽白，而黄金银为宫阙。未至，望之如云；及到，三神山反居水下。临之，风辄引去，终莫能至云。世主莫不甘心焉。”

庄子之时，楚地的神仙思想也颇为盛行。《山海经》、《楚辞》等文献典籍中就保存有楚地流传的一些“长生不死”传说。《海外南经》中有“不死民”：“其为人黑色，寿，不死。”《海外西经》中也有“轩辕国”：“其不寿者八百岁。”屈原《天问》云：“何所不死？长人何守？”又云：“延年不死，寿何所止？”屈原所问的，就是楚地流传的“长生不死”传说。《山海经》中还出现了“不死药”，如《海内西经》云：“开明东有巫彭、巫抵、巫阳、巫履、巫凡、巫相，夹窫窳之尸，皆操不死之药以距之。”《天问》也问到了“不死药”：“安得夫良药，不能固臧？”楚地还发生过向楚王献“不死药”的事。《战国策·楚策》曰：“有献不死之药于荆王者，谒者操以人。中射之士问：‘可食乎？’曰：‘可。’因夺而食之。王怒，使人杀中射之士。中射之士使人说王曰：‘臣问谒者，谒者曰可食，臣故食之。是臣无罪，而罪在谒者也，且客献不死之药，臣食之而王杀臣，是死药也。王杀无罪之臣，而明人之欺王。’王乃不杀。”可见，战国时期，神仙思想已经在楚地产生了相当广泛的影响。

2. 秦始皇海上觅仙山

秦始皇是历史上第一个迷恋神仙的皇帝，《史记·秦始皇本纪》中记载了关于他求仙的故事。公元前219年，也就是秦统一天下后的第三年，秦始皇东巡郡县，到山东泰山、琅琊等地封禅祭神，刻石记功。结束以后，有齐人徐福等上书说，海上有蓬莱、方丈、瀛洲三座神山，山上住着神仙，请斋戒与童男童女求之。秦始皇相信了他的话，派徐福率童男童女数千人入海求仙。时隔四年，秦始皇东游到碣石（今河北昌黎），又派燕人卢生、韩众、侯生等入海寻找仙人仙药。这些方士虽然嘴上吹得天花乱坠，实际上他们自己也搞不清仙山在哪，仙药什么样，当然找不到什么仙人仙药，因此就编造谎话欺骗秦始皇。

卢生从海上回来后，说他们找不到灵芝奇药及仙人，主要原因是因为有"恶鬼"。于是建议秦始皇不要暴露行踪，以避恶鬼，恶鬼避开了，仙人就来了。秦始皇居然信了这套鬼话，下令京师咸阳二百里以内的行宫，都以甬道相连，围上帷幄，内置钟鼓、美人。并严令臣下对其住处保密，有敢于泄露者，一律处死。

卢生虽然骗得秦始皇的信任，但他自己心里也清楚，谎言终归是谎言，总有一天会被识破，一旦被识破，自己的小命可就完蛋了。他和侯生私底下商量说，秦始皇为人刚愎自用，不值得为他去找什么仙药，否则，如果他吃了仙药长生不死，天下人岂不是都要死光了？于是两个人悄悄地溜走了。

公元前209年，秦始皇最后一次出巡到琅琊。这时候徐福多年入海，耗费巨大，但都没有求得仙药，恐怕受到谴责，于是又编造谎言说，蓬莱山确实有仙药，但是那里经常有大鱼作怪，无法接近，希望能派一些善射的弓箭手去护航。于是秦始皇下令入海者携带捕杀大鱼的工具，每条船上都配备弓弩。他们从琅琊北上，路过芝（今烟台），见到大鱼时，弓弩齐发，结果只射死一条，最终还是没见到仙人仙药的影子。秦始皇从海上归来，走到河北沙丘就病死了。秦始皇英明一世，但是为了找仙人仙药寻求长生，受方士欺骗，至死不悟。

3. 汉武帝徒劳招方士

秦始皇求仙失败的教训，并未被后代的统治者所吸取。几十年后，汉武帝刘彻（公元前140年—公元前86年在位）又步了他的后尘。

汉武帝登基后，方士李少君迎合他求仙的心理，向他进献了“祠灶谷道却老方”，说：“服食金丹可以延年益寿，延年益寿才可以见到海中的蓬莱神仙，见了仙人再去封禅，就一定会长生不死。”他还说他曾经在海上遇到过仙人安期生，安期生就住在蓬莱岛上，吃的是大如西瓜的巨枣。不过，只有志趣相投的人，他才会出来相见，否则就隐藏不见。汉武帝相信了李少君的话，亲自祭祀灶神，派方士到海上寻找安期生，并炼制丹砂及诸药以作黄金。后来李少君病死，汉武帝还以为他尸解成仙了，派方士黄锤、史宽舒按照李少君的方法继续找寻蓬莱安期生。

后来又有齐人少翁拿着“鬼神方”来见汉武帝，据说一天夜里他在帷帐中为武帝施用方术，召来了灶神和武帝的亡妃王夫人的鬼魂，于是武帝拜少翁为文成将军，不仅赏赐丰厚，还奉为上宾。武帝根据少翁的建议，修筑了甘泉宫，宫中建台室，画天地太一诸神，并置备祭神用品以召天神。但一年多过去，少翁想尽办法也没等到天神。后来他把事先准备好的帛书塞进牛肚子里，假装自己不知道，跑去对武帝说，“此牛腹中有奇”，于是杀牛得书。但武帝发现帛书上的字是少翁的笔迹，一审问果然是少翁伪造的，武帝一气之下杀了少翁，但为了不被别人笑话，对外隐瞒不说。

少翁死后数年，又有人推荐他的同学栾大来见汉武帝。此人身材高大，敢说大话而使人不疑。他对武帝说他经常往来于海中，见过安期生、羡门高等神人。他还说，他的老师曾经说过，黄金可成而河决可塞，不死之药可得，仙人可致。然而他又怕像文成将军那样因方术不成而被杀。这时汉武帝正后悔过早杀了少翁，不能尽得其方术，又忧愁黄金不成，黄河决堤，因此安慰栾大说："文成将军是吃马肝中毒而死，你如果真能修其方术，我一定会重用你。"栾大又说："陛下如果真的想见到臣的老师，必须派遣身份高贵的使者，与之结为亲属。待之以客礼，使佩带印信，乃可使通言于神人。"他又当场表演了一个小魔术，用磁石磨过的围棋子在棋盘上斗棋，棋子便自相触及。汉武帝被栾大蒙骗，拜之为五利将军，封乐通侯，使佩带四将军印，赐给列侯宅第，僮仆千人和车马帷幄器物，又将卫长公主嫁给他，武帝还亲自到他家拜访。皇亲及诸将相豪门，也都置酒其家，奉献馈赠。汉武帝又刻了一个"天道将军"玉印，使人身着羽衣，夜立白茅之上授栾大，以表示栾大身份与天子相等，并非臣下。于是栾大经常夜里在家中祭祀，希望能够有神仙降临。但据说并未招来天神，却引来不少鬼物。后来栾大又整装东行，说要入海寻找他的师父，到了山东又不敢下海，而去泰山祀神，自称已经见到了他的师父。但武帝派去随行监察的人却报告并未看见什么神仙。至此，栾大方术用尽而多不灵验，又被汉武帝杀掉了。

汉元鼎四年（公元前 113 年），山西汾阴巫师从地下挖出一只古鼎，人们都以为是宝物。齐人公孙卿来游说武帝，劝武帝封禅。他对武帝说："从前黄帝采首山之铜，铸鼎于荆山之下，鼎成，有人来迎黄帝，黄帝骑龙升天，群臣后宫七十余人随之上天。"武帝听后感叹不已，说："如果哪一天我要像黄帝一样升天，那么我离开妻子就像脱去鞋子一样。”武帝拜公孙卿为郎，派他去嵩山迎候神仙下凡。那年冬天，公孙卿报告说，他在河南的缑氏城上见到了仙人的大脚印，于是武帝亲自前往验视。有了前两次的受骗经验，武帝责问公孙卿：“难道你想效法少翁、栾大吗?”公孙卿回答说：“其实是陛下想见神仙，并非神仙要见陛下，所以陛下应该表现出对神仙的诚意来，希望神仙会因此而降临。”于是武帝下令各郡修整道路，治缮宫观及名山祠所，希望神仙会因此而降临。

元封元年（公元前110年），汉武帝东巡海上，有数以万计的人上书谈神怪奇方，但是没有一个灵验的。武帝命令发船，让见过神山的数千方士下海寻求蓬莱神人。四月，汉武帝登泰山封禅，大赦天下。方士说，这次有可能见到神仙。武帝兴冲冲地跑到海边眺望，结果什么也没见到。第二年春天，公孙卿又骗武帝说，他在东莱山见到神仙了。于是，武帝又匆匆忙忙赶到东莱山，见到的还是几只大脚印。仍心有不甘，重新派了几千人出去找神仙和不死的仙药。公孙卿担心总有一天谎言会被识破，就劝武帝不要整天四处奔波，只要多建一些宫观楼台，在那里等待神仙降临就可以了。武帝听不进去，后来的数年间，汉武帝仍多次去各地名山及海边祭神候望，并到处大建宫观祠坛。例如太初元年，他从海边回来以后，下令修造建章宫，规模宏大，千门万户，在北面凿一个大池，名为太液池，中间建有蓬莱、方丈、瀛洲、壶梁等象征海上神山的小岛。真的神山没有见到，造一个人工仙境，聊以慰其思神之渴。

汉武帝在位几十年，耗费巨大的财物人力，修建了无数的神祠，派去名山及海上求仙人仙药的方士成千上万，然而除了几个大脚印外，连神仙的影子也没见着。到了晚年，他厌倦了方士们的怪诞之语，然而还期盼着能遇到神仙。直到临死前不久，他才稍稍明白，过去真是太糊涂了，竟然被方士们欺骗。天下哪里有神仙，都是妖妄！于是下诏罢除在各处等候神仙的方士们。

4. 淮南王鸡犬升天

汉代王充所著《论衡》和葛洪《神仙传》都记载了淮南王刘安得到高人指点鸡犬升天的故事。

刘安是汉高祖刘邦的孙子，袭父封为淮南王。他喜爱读书，善为文辞，才思敏捷。并广罗天下名士贤才，共同编写《淮南鸿烈》，也叫《淮南子》，是西汉著名的思想家、文学家，在刘安的门客之中，最为著名的要数《淮南子》的主要编纂者苏飞、吕尚、左员、田由、雷被、毛被、伍被、晋昌，世称“八公”。

传说，淮南王刘安喜欢神仙之道，海内的方术之士跟随他一起研究神仙之道的人有很多。有一天早晨，有八位老者拜谒淮南王刘安，他们容貌苍老，身体枯槁，面容憔悴。刘安的守门人对八位老者说：“淮南王所喜好的是神仙之道、救世之方、长生久视之术，只有那些身怀异术的人，淮南王才接见。现在你们身体如此衰老，淮南王是不会接见你们的。你们还是快些走吧。”八公不愠不怒，笑着说：“听说你们老爷礼贤下士，一个人只要略有小技都招在门下。我们八位老朽虽然粗鄙愚陋、见识短浅，但是想见见他也无妨，为何不让我们进去呢？如果他认定只有少年才有道，而一见白发老翁就说他们无能，求贤若渴之名恐怕是假的吧？如果老爷因为我们衰老而不想接见我们，我们可以变成少年，这有什么困难呢？”于是他们把衣服弄得很整洁，对于容貌进行修饰，转瞬之间，八位老人变成八位幼童。守门人看见他们由苍颜立换幼容，惊恐不已，连忙跑去向刘安禀告。

刘安一听，欣喜若狂，光着脚跑出来迎接。他拱手行礼，谦恭地说："鄙人非常喜欢探求天地间的至道之理，希望能得到诸位高人的指教。"八公说："正是因为听说您喜欢探寻至道，我们才特意来追随。但不知道您有什么打算。我们八个人各有所长，有的人能呼风唤雨，吞云吐雾；有的能移山填河，役使鬼神；有的能隐蔽三军，遮天蔽日；有的能虚步凌空，瞬间千里；有的能延年益寿，长生久视；还有人能煎泥成金，炼铅成银，乘龙驾云，浮游太虚，一切只听凭您的吩咐。"

刘安殷勤致谢，摆酒设宴。席间让八公演练他们的拿手绝技，这才相信他们所言不虚。于是先让他们炼长生灵丹，并授给八公丹经、秘方和诸种原料，八公依嘱，果然炼成了丹药。

淮南王的一位小臣名叫伍被，曾犯过错误，恐怕大王杀他，心中恐惧不安，便跑到皇宫向汉武帝报告说，淮南王即将谋反，而且提供了许多"证据"。刚刚经历"八王之乱"的汉武帝谈虎色变，马上派钦差手持尚方宝剑前来治罪。八公见形势危急，赶紧煮了神药劝刘安服下远走高飞，淮南王的亲人三百余人也饮了这些药，同日一起升天，鸡犬舔了这些药汁也飞升天界。这就是"一人得道，鸡犬升天"的由来。

既然说到鸡犬升天，还有一个版本的鸡犬升天也不得不讲。据陈显远先生著《汉中碑石》载，汉灵帝熹平至元和年间（168—184 年），人们为成固（今城固县）"唐公房拔宅升天"建庙、立碑，对这位仙人顶礼膜拜。该碑镌刻着一个神奇而动人的故事。

汉仙人唐公房碑

其碑文称，汉居摄二年（公元 7 年），今城固县许家庙有一个名叫唐公房的人，在汉中郡（治西城，今安康）衙做官。一天在城固老家遇到一位修仙得道的真人，他拜这位真人为师，并给师父送去鲜美的甜瓜品尝，他的诚意感动了真人，让他到婿谷口山上赐给他仙丹。公房服了仙丹后，能辨别鸟兽语言，行走如飞，数百里外郡府转眼即到，乡亲们和郡守都十分惊讶。于是，汉中郡守老爷就跟着公房学道，但始终不得其法。就以为公房留有一手故意不教，欲加害于公房和他的家人，命手下人去城固捉拿唐妻及子女。唐把这一情况告诉师父，真人说不必惊慌，有一种仙药服后即可飞天而去，逃离厄运。唐妻留恋房舍及禽畜，仙人又给房屋涂上仙药，全家人和禽畜都服了仙药："须臾，有大风玄云来迎公房妻子，房屋、六畜，倏然与俱去”。于是“鸡鸣天空”、“狗吠云中”。这就是该碑记载的唐公房全家“白日升天”和“拔家飞升”的故事。北魏地理学家郦道元地理巨著《水经注》、宋代文学家欧阳修《欧阳文忠集》中，也都记载有这个异闻。

三、秦汉思潮的影响

1. 道家思想

道家和道教渊源很深，道教创立时就尊老子为教主，奉老子《道德经》为主要经典，后来又把《庄子》奉为主要经典之一，命名为《南华真经》。从某种意义上讲，道教即是道家宗教化的形态。[①]

老子《道德经》所宣扬的基本思想是道，道是万事万物的本源，它不可名状、无法认知，但却是万事万物存在和变化的最终依据和普遍法则。庄子继承了老子关于道是宇宙本原的思想，并进一步加以神秘化。道教受老庄哲学中道的思想的影响，并进一步夸大道的超越性、绝对性，把道变成具有无限威力的、全知全能的无上神的代名词，例如他们将道人格化，把老子看做是道的化身，尊为太上老君。

另外，道家重视养生，老子书中有“谷神不死，是谓玄牝”、“长生久视之道”、“故能长生”，重在自身的摄养。“盖闻善摄生者，陆行不避兕虎，入军不被甲兵，兕无所投其角，虎无所措其爪，兵无所容其刃。夫何故？以其无死地。”（五十章）这是说，

① 谢路军：《道教概论》，北京：中央民族大学出版社，2006年，第4页。

善于摄生的人，身上没有可以致死的地方，以至兕角、虎爪、兵刃都不能伤害他，所以他走路时不怕遇兕虎，打仗时不用甲胄护身。对于达到“长生久视”的途径，老子认为，最重要的是“载营魄抱一能无离”（十章），即要使人的血肉之躯与灵魂合一而不分离。这里的关键在于“谷（河上公注养也）神不死”（六章），也就是炼养精神，使之永不衰竭。为此，就要做到清静无为，少私寡欲，知足常乐，与世无争，使心灵经常处于恬淡宁静的状态。这就是《老子》修道而养寿，以达长生久视的基本内容。

随后，庄子继承和发挥了老子的“道”，在《庄子》一书中，他描绘了各式神仙人物，提出了各种长生方术。关于“道”，庄子描写为：“夫道有情有信，无为无形；可传而不可受，可得而不可见；自本自根，未有天地，自古以固存；神鬼神帝，生天生地；在太极之先而不为高，在六极之下而不为深；先天地生而不为久，长于上古而不为老。”（《大宗师》）这集中概括了“道”的特征。庄子声称，“道”的功用，其妙无穷，古代帝王、神人、仙人、圣人之所以不同凡响，就是由于他们得了“道”。譬如黄帝得之，以登云天；西王母得之，坐乎少广，莫知其始，莫知其终；彭祖得之，上及有虞，下及五伯；传说得之，以相武丁，奄有天下，乘东维，骑箕尾，而比子列星，等等。庄子认为，修道能使人返老还童，延年益寿。他借南伯子葵问女偊：“子之年长矣，而色若孺子，何也?”答曰：“吾闻道矣”。（《大宗师》）庄子所举延年益寿的修道方法，大致有以下几种：

第一，导引。“吹呴呼吸，吐故纳新，熊经鸟申，为寿而已矣。此导引之士，养形之人，彭祖寿考者之所好也。”（《刻意》）

第二，守一。《在宥》篇记有关于广成子向黄帝传授至道，谈及守一的事。这个“守一”的要点就在于必静必清，抱神固精。

第三，坐忘。庄子假借颜回与孔子的问答，提出“坐忘”的修道思想。孔子问：“何谓坐忘?”颜回答：“堕肢体，黜聪明，离形去知，同于大通，此谓坐忘。”（《大宗师》）

庄子所提到的导引、守一、坐忘等道术，为以后道教所承袭和发挥，在道书中屡有论述。而且，庄子所提及的各神仙人物，如广成子、黄帝、西王母、彭祖等，亦为后世方士、道士所颂扬。

战国时期，从老学中又发展出了黄老之学，黄老学对老庄学说既有继承又有发展。由于它适应了汉朝初年民生凋敝，急需革除秦朝暴政苛法，使人民休养生息，恢复社会安定的现实，因而得到汉初统治者的大力提倡。相传汉初名臣曹参在齐国做丞相时，向黄老学者盖公请教治国安民之道。盖公告诉他：“治道贵清静而民自定。”于是曹参拜盖公为师，以黄老术治理齐国九年，百姓安集，称为贤相。后来曹参接替萧何做了汉朝中央的丞相，仍然无为而治，所有政事都遵循萧何所定的法规，无所更改。他选择的部属都是些不善言辞的老实人，而那些花言巧语的官吏则被斥退。曹参日夜饮用美酒，无所事事，有些官员和宾客想来劝说他，都被他用美酒灌醉，没机会张口说话。汉惠帝怪曹参不管政事，就让曹参的儿子曹窋去劝他，被曹参怒打二百鞭，并挨了一顿骂说：“天下事不是你应该言说的。”后来上朝时，惠帝责备曹参：“你怎能这样整治曹窋，是我让他去劝你的。”曹参对惠帝说：“陛下您自认为德行比高祖皇帝如何?”惠帝说：“朕怎敢与先帝相比呢?”曹参又问：“那么陛下观察臣与萧何谁更贤能?”惠帝说：“似乎你也不如萧何。”曹参说：“陛下所说极是。高祖皇帝与萧丞相安定天下，制订了完善的法令。现在陛下无为而治，臣等安分守职，遵照执行他们的法规就是了。这不也很好吗?”曹参就这样做了三年丞相，无为而治，被后人称作“萧规曹随”。

汉初的黄老学主要是一种政治哲学，他继承了老子“清静无为”的思想，同时吸收儒家的宗法伦理和法家的刑政主张，在汉初发挥了恢复社会经济的积极作用。及至汉武帝亲政之后，“罢黜百家，独尊儒术”，以儒家经学指导治国，黄老派的政治学说不再时兴，而以个人养生为宗旨的学说却继续发展。由于汉武帝迷信神仙方士，汉代社会追求长生成仙风气盛行，更促使黄老养生学与神仙方术结合起来。到了东汉，黄老学已演变为偏重个人养生成仙的学说。大约东汉时成书的《老子河上公章句》，就偏重以清静养生思想来注解《老子》。书中认为老子所说的“道”可分为两种：“常道”，即自然长生之道；“可道”，是经术政教之道。该书以自然长生之道为本，讲述了许多黄老家养生的方术，如除情去欲，保养精气等，重视精、气、神的保养。

传说河上公是一位道术极深的人，人们不知道他的名字。汉孝文帝时，他在黄河之滨搭了一间茅草棚，每日静坐在草棚里，专心诵读老子的《道德经》。孝文帝也极喜好老子之道，他对满朝文武发下诏令：无论王公大臣和地方官员，都要熟读《道德经》，凡是不懂《道德经》的人，一律不准上殿面君。在孝文帝的命令下，凡是做官的人，几乎人人都准备了一部《道德经》，闲暇时，常能听见一片诵读声。孝文帝在读《道德经》时，常遇到一些疑难之处，他问遍了当时有学识的人，居然无人能够解答。后来侍郎裴楷上书奏道：“臣听说在陕州（今河南省陕县）一带，住着一位道士，此人通晓《道德经》，皇上如有疑问，此道人定能解答。”

于是孝文帝派人来到陕州，找到了这位住在茅棚里的道士，说：“当今圣上在读《道德经》时碰到了疑问，特派我来向先生请教。”道士说：“修道是至尊无上的事，修德是高贵无比的事，若要探求《道德经》崇高的精髓，必须让皇上亲自到我这里来请教，方显他求道心诚。”来人回到皇宫，如实作了禀报。

不久，孝文帝果然亲赴陕州，拜访河上公。在茅草棚前，孝文帝派人前去向道士通报，请他出棚相见。不料道士坚持让皇帝进棚。皇帝一听，心中不悦，便让人传话进去：“普天之下，都是我的辖区，四海之内，均是我的臣民。你虽有道术，但是仍是我的臣民，在我的面前，你还敢放肆吗？我能使天底下的任何一个人或贫穷，或富贵，你有这个本领吗？”

传话人的话音刚落，只见一老者从茅草棚里拍手大笑而出，一出草棚，他就腾空而起，在众人的目光下徐徐升空，渐渐地，他离地面已有一百多尺，最后他停在了半空中。孝文帝等众人仰头观看，一个个惊讶不已。这时，老者在空中俯卧着身子，冲底下的人说：“我就是你要找的人。刚才你们说我是皇帝的臣民，现在我悬浮在半空中，上不着天，下不着地，而且不与任何人相接触。你们说，我该算是谁的臣民呢？皇帝陛下，现在你是想让我贫穷呢，还是富贵呢？”

一席话说得地上的人瞠目结舌，像他这样能像鸟儿一样飞悬在空中的人，人们有生以来还是第一次见到。过了好半天，孝文帝才醒过神来，急忙走下龙辇，连向空中施礼，红着脸冲上面说道：“朕不知仙人在此，方才多有得罪，还望海涵。朕承蒙祖上传下基业，治理大汉江山，无奈朕疏于道术，深感管理偌大基业，力不从心。所以朕潜心修道，尤其崇尚《道德经》，终日苦读不辍，力求从中寻找出一条于己、于民、于国皆有利的道理。可是朕无高人相助，每读到精奥之处，总觉难以理解，虽广作问询，却始终未找到理想的答案。后来得知先生精通此经，谙熟此道，遂前来求教于先生，还望先生以宽宏之心，不吝赐教。”

道士在空中听到这番话，不禁深为孝文帝对求道治国的一片诚心所感动，于是他缓缓而下，重返地面，从茅草棚中捧出二卷经书，走到孝文帝面前，说道：“这是我写的两部经书，一部叫《素书》，一部叫《老子道德经章句》，你拿回去，仔细研读，读透其中道理后，《道德经》中的疑难问题自然会迎刃而解。这部书是我在一千七百多年前写成的，在此期间，我只传给了三个人，你是第四人。希望你好好保存它，不要轻易示人。切记!”孝文帝听罢，感激万分，连忙跪倒在地，双手上举，以接仙人赐书。

众人见皇帝已双膝跪倒，连忙也跪下叩头。等皇帝接过书后，再看仙人，已踪迹皆无了。众人仔细寻找，不但找不到仙人的影子，就连他的茅草棚也不翼而飞了。于是皇帝命众人在西山之上筑起一座高高的瞭望台，想再觅仙人身影，但是终究未能再见。

这件事后来渐渐传扬开去。人们纷纷猜测，孝文帝虽然笃信道教，奉《道德经》为第一要著，但是他毕竟身为凡人，无法领悟道学真谛，所以天上的神灵就降临凡界，变成一位道士，通过茅草棚边的神奇之事，把道学精髓传与了他。至于那个悬身空中的仙人，由于他下凡时住在河边，所以人们都尊称他为“河上公”。

东汉后期，社会上盛行黄老崇拜，汉桓帝在宫中“立黄老浮屠之祠”。当时许多人把黄帝和老子当做神灵加以顶礼膜拜。黄老学与神仙方术和宗教信仰结合，逐渐被神秘化、宗教化，终于在东汉后期孕育出中国的本土宗教——道教。道教继承和改造了道家的理论，以“道”为最高信仰，以奉道守戒、修仙得道为修持目标。老子作为道的化身，被道教徒奉为教祖。因此，道教与道家学派，在思想渊源上确有密切的关系。不同的是，道教作为一种宗教，不仅有一套系统的教义理论，而且还有其特殊的宗教活动仪式、教派组织、科仪制度和宫观建筑。

2. **儒家学说**

道教吸收了儒家的纲常伦理思想，以作为它的道德戒律。儒家伦理纲常道德观的核心是“三纲五常”，而道教的宗教伦理道德观就是围绕“三纲五常”的实质内容展开的。道教在宣扬这些伦理道德时，常把它们与道教的长生成仙思想相结合。在道教早期经典《太平经》中提出：“子不孝，则不能尽力养其亲；弟子不顺，则不能尽力修明其师道；臣不忠，则不能尽力共敬事其君。为此三行而不善，罪名不可除也。天地憎之，鬼神害之，人共恶之，死尚有余责于地下，名为三行不顺善之子也。”魏晋时期，道教学者葛洪在《抱朴子》中特别强调：“欲求仙者，要当以忠、孝、和、顺、仁、信为本。”遵守封建伦理道德成为修仙求道的必要条件。寇谦之建新天师道专以礼度为首，由此可知道教的道德信条基本上与儒家伦理相同。后来的道教大都采取忠于宗法等级制度的立场，其道德信条是在儒家伦理的基础上增加了一些道教神学色彩，但绝不与儒家的纲常名教相违背。

西汉董仲舒以天人感应为核心的宗教神学以及随之而起的谶纬神学，均为道教所直接吸收，而成为道教的重要思想渊源。董仲舒提倡的调阴阳、顺四时、序五行、配月令等阴阳五行递变说也深刻地影响着早期道教的产生。

3. 墨家主张

墨家的创始者是墨翟，其后的墨家分为三派。秦汉以后，墨家逐渐衰微而成为“绝学”。在道教的形成过程中，墨家也曾产生过重要的影响。墨家对道教的影响主要是其“兼爱”、“互助”两种主张，这种影响在早期道教中比较突出。《太平经》认为，太阴、太阳、中和“三气相爱相通，无复有害”，才能令“太平气”产生，从而使“太平”盛世尽早到来；又主张人与人之间应当相互帮助，富人应当赈济穷人，“或积财亿万，不肯救穷周急，使人饥寒而死，罪不除也”。这与墨翟主张的兼爱互助，“兼相爱，交相利”，“有力者疾以助人，有财者勉以分人，有道者劝以教人”等思想颇有相通之处。《太平经》中也有“人各自衣食其力”的思想，这显然又与墨子所提倡的“赖其力者生，不赖其力者不生”的劳动原则相一致。

后世道教曾把墨子列入《神仙传》，葛洪《抱朴子·金丹》上面也记载有《墨子丹法》，可见墨家曾影响了道教。

四、老子神化的传说

在道教发展的历史上，关于老子神化的传说经久不衰。《史记·老庄申韩列传》记载：“老子者，楚苦县厉乡曲仁里人也。姓李氏，名耳，字伯阳，谥曰聃，周守藏室之史也……老子修道德，其学以自隐无名为务，居周久之，见周之衰，遒遂去。至关，关令尹喜曰：‘子将隐矣，强为我著书。’于是老子乃著书《上下篇》，言道德之意五千余言而去，莫知其所终。”此传对老子还另有说法，“或曰，老莱子亦楚人也，著书十五篇言道家之用”，“或曰，（太史）儋即老子，或曰非也”。说法虽不一，而后世大多以李耳为老子，又称老聃。

战国末至西汉，《老子》显扬，声誉日高，老子的名声也日渐显荣，同时也由于《老子》哲理深邃，使人感觉深奥莫测，因而隐君子老子被蒙上了神秘的烟幕。如《史记·老庄申韩列传》云："（孔子）谓弟子曰：‘鸟，吾知其能飞，鱼，吾知其能游，兽，吾知其能走。走者可以罔，游者可以纶，飞者可以矰，至于龙，吾不能知其乘风云而上天。吾今日见老子，其犹龙耶！’”又云，“盖老子百有六十余岁，或言二百余岁，以其修道而养寿也”，“老子，隐君子也”。不论传说记述多么不一，不论人们对他产生多么浓厚的神秘感，但在司马迁修《史记》的年代，老子也仍然被认定是世上的人，而不是天上的“神”、海上的“仙”。《老子传》中记述老子的家世：“老子之子名宗，宗为魏将，封于段干，宗子注，注子宫，宫玄孙假，假仕于汉孝文帝，而假之子解，为胶西王卬太傅，因家于齐焉。”可以看出当时的老子还是一个有情有欲、有子有孙的人，而不是餐风饮露、脱离尘世的神仙。《史记》卷六十三《考证》认为：“汉武惑于神仙方士并宗老子，故司马迁作《老子传》著其乡里，详考其子孙，以明老子者亦人耳，非所谓乘云气御飞龙不可方物者，故一则曰‘老子隐君子也’，再则曰‘老子隐君子也’，良史心苦矣。”

老子被神化大概始于汉明帝时期，《后汉书·西域传》记载：“世传明帝梦见金人，长大，顶有光明，以问群臣。或曰：‘西方有神，名曰佛，其形长丈六尺而黄金色。’帝于是遣使天竺问佛道法，遂于中国图画形象焉。楚王英始信其术，中国因此颇有奉其道者。后桓帝好神，数祀浮图、老子，百姓稍有奉者，后遂转盛。”[①] 到汉桓帝时（147—167 年）已设祠专祀老子。《后汉书·桓帝纪》记载：“（延熹）八年春正月，遣中常侍左悺之苦县，祠老子。……十一月，使中常侍管霸之苦县，祠老子。”[②] 又《后汉书·祭祀中》：“桓帝即位十八年，好神仙事。延熹八年初，使中常侍之陈国苦县祀老子。九年，亲祠老子于濯龙。文罽为坛，饰淳金扣器，设华盖之坐，用郊天乐也。[③]”《后汉书·襄楷传》：“又闻宫中立黄老、浮屠之祠。此道清虚，贵尚无为，好生恶杀，省欲去奢。或言老子入夷狄为浮屠。”[④]

东汉晚期，“老子”、“道”、“气”已合而为一。最具有代表性的是王阜的《老子圣母碑》和边韶的《老子铭》。[⑤] 王阜在《老子圣母碑》中说：“老子者，道也。乃生于无形之先，起于太初之前，行于太素之元。浮游六虚，出入幽冥。观混合之未别，窥清浊之未分。”这种比喻显然是把老子看做是混沌未开之前的虚无，为后世的老君创世说提供了根据。[⑥] 边韶的《老子铭》作于公元 165 年，记载当时信道者附会《老子》“天地所以能长且久者，以不自生也”、“浴神不死，是为玄牝”的话，描述老子“离合于混沌之气，以三光为终始，观天作谶，降升斗星，随日九变，与时消息。规矩三光，四灵在傍，存想丹田，太一紫房。道成身化，蝉蜕变世，自羲农以来，世为圣者作师”。老子已是无处不在、无

① 《后汉书》卷八八，北京：中华书局，1965 年，第 2922 页。
② 《后汉书》卷七，北京：中华书局，1965 年，第 313、316 页。
③ 《后汉书》卷九八，北京：中华书局，1965 年，第 3188 页。
④ 《后汉书》卷三十下，北京：中华书局，1965 年，第 1082 页。
⑤ 两文分别见于严可均《全汉文》第 32 卷和第 62 卷。
⑥ 参见王宗昱：《〈道教义枢〉研究》，上海：上海文化出版社，2001 年，第 115 页。

世不在、无所不能的天神。

至汉灵帝熹平、光和年间（168—184 年），太平道与五斗米道已盛行，信奉者甚众，老子已被尊崇为教祖。太平道所奉神书《太平经》卷一至十七中说：“长生大主号太平真正太一妙气、皇天上清金阙后圣九玄帝君，姓李，是高上太之宵，玉皇虚无之胤。……上升上清之殿，中游太极之宫，下治十方之天，封掌亿万兆庶，鉴察诸天河海、地源山林，无不仰从，总领九垂十叠，故号九玄也。”① 老子已是太平道所奉最高的神。

五斗米道有张鲁托名“想尔”所撰之《老子想尔注》，注中说：“一者道也”，既“在天地外”，又“入在天地间”，而且“往来人身中”，“散形为气，聚形为太上老君，常治昆仑”。老子以“太上老君”的形象成为五斗米道的最高天神。

其后晋代葛玄的《老子道德经序诀》更加以衍化：“老子体自然而然，生乎太无之先，起乎无因，经历天地终始，不可称载。终乎无终，穷乎无穷，极乎无极，故无极也。与大道而伦化，为天地而立根，布气于十方，报道德之至纯，浩浩荡荡，不可名也。涣乎其有文章，巍巍乎其有成功，渊乎其不可量，堂堂乎为神明之宗。三光持以朗照，天地禀以得生，乾坤运以吐精，高而无民，贵而无位，覆载无穷，是教八方诸天，普弘大道……匠成万物，不严我为，玄之德也。故众圣所共尊，道尊德贵，莫之命而常自然，惟老氏乎！”②

至南北朝（420—589 年），北魏道士寇谦之利用“太上老君”的名义，着手“清整”道教，并自封为“天师”。《魏书·

① 《太平经》，《道藏》第 24 册，第 311 页。

② 葛玄：《老子道德经序诀》，《敦煌道藏》第 3 册，第 1488 页。

释老志》记载有寇谦之假托“太上老君”降世的故事，说：“以神瑞二年（415 年）十月乙卯，忽遇大神，乘云驾龙，导从百灵，仙人玉女，左右侍卫，集止山顶，称太上老君。谓谦之曰：‘往辛亥年，嵩岳镇灵集仙宫主，表天曹，称自天师张陵去世以来，地上旷诚，修善之人，无所师授。嵩岳道士，上谷寇谦之，立身直理，行合自然，才任轨范，首处师位，吾故来观汝，授汝天师之位，赐汝《云中音诵新科之诫》二十卷，号曰“并进”。’言：‘……汝宣吾新科，清整道教，除去三张伪法，租米钱税，及男女合气之术。大道清虚，岂有斯事！专以礼度为首，而加之以服食闭练。’”①

稍晚于寇谦之的南朝刘宋道士陆修静，也假托“太上老君”的意旨，建立道教斋戒威仪。《陆先生道门科略》说：“‘太上老君’以下古委忍，淳浇朴散，三五失统，人鬼错乱……故授汝天师正一盟威之道，禁戒律科，检示万民逆顺祸福功过，令知好恶，……使民内修慈孝，外行敬让，佐时理化，助国扶命。”② 这时的“太上老君”已不仅是恭维的尊号，而是已被描绘夸诞为亲理教务的、名副其实的“教主”。

稍后于陆修静的南朝齐梁道教著名学者陶弘景，则把当时的封建等级、官阶制度引入道教，创作《真灵位业图》排列神仙系统，其中也列有“太上老君”和“老聃”的尊号和崇高的位置。

至唐代，因道教盛极一时，“老子”被唐皇帝认为族祖，神化“老子”也就自然逐步上升。唐以后，有关“老君”的宗教性传说、记传、经书、艺术作品，一天比一天滋繁起来，相互渲染，“老君”

① 《志》第二十，《魏书》卷一一四，北京：中华书局，1974 年，第 3050 页。

② 陆修静：《陆先生道门科略》，《道藏》第 24 册，第 779 页。

的“教主”及宇宙最高“天神”的地位，俨然是肯定无疑的了。

1. 老子的名号

关于老子的名号，楠山春树博士在《老子传说的研究》一文中列举了《神仙传》、《三洞珠囊》所收《化胡经》、《道德真经广圣义》、《犹龙传》、《混元圣纪》、《混元圣纪》卷一引《老子内传》等文献所记载老子在伏羲、神农、祝融、黄帝、少昊、颛顼、帝喾、帝尧、帝舜、夏禹、殷汤和文王时期的名号①，可见老子名号之多。

文王	殷汤	夏禹	帝舜	帝尧	帝喾	颛顼	少昊	黄帝	祝融	神农	伏羲	
文邑先生	锡则子	真行子	尹寿子	务成子	录图子	赤精子		广成子	广寿子	九灵老子	鬱华子	神仙传老子
燮邑子	锡则子	李子胥	尹寿子	务成子	绿图子			广成子	傅豫子	大成子	田野子 究爽子	三洞珠囊卷九所收化胡经
燮邑子	锡则子	真行子	尹寿子	务成子	绿图子	赤精子		广成子	广寿子	大成子	鬱华子	道德真经广圣义犹龙传
燮邑子	锡则子	真行子	尹寿子	务成子	绿图子	赤精子	随应子	广成子	广寿子	大成子	鬱华子	混元圣记
燮邑子	锡则子	甯真子	尹寿子	务成子	绿图子	赤精子		广成子	广寿子	傅豫子	鬱华子	混元圣记卷一引老子内传

① 楠山春树：《老子传说的研究》，东京：创文社，昭和五四年二月二五日，第350页。

2. 老子的降生

关于老子的降生，史书中有众多传说。《老子道德经序诀》说："周时复托神李母，剖左腋而生。生即皓然，号曰老子。"① 《太平广记》谓："其母赶大流星而有娠，虽受气天然，见于李家，犹以李为姓。或云，母怀之七十二年乃生，生时剖母左腋而出。生而白首，故谓之老子。或云，其母无夫，老子是母家之姓。或云，老子之母，适至李树下而生老子，生而能言，指李树曰，以此为我姓。"② 《玄妙内篇经》载："玄妙玉女者，玄元始气，混沌相因，化成二汽，八十一万亿岁后，化生玄妙玉女。自玄妙玉女生后，三气变化，五色玄黄，大如弹丸，入玄妙口中，乃即吞之。八十一岁，乃从玄妙玉女左腋而生。生而白首，故号为老子。"③

杜光庭《道德真经广圣义》卷二《明胄胤》广引众文论老君降生，谓："《玄中记》云：李灵飞当殷之时，父子相承，得修生之道。父庆宾年百余岁，常有少容，周游五岳诸山。一旦于所居，云龙下迎，白日升天。灵飞感父飞升之异，深隐不仕，内修其道，以天水尹氏之女为妻，居于濑乡。其妻尝因昼寝，梦天开数丈，众仙人捧日出于其处。良久见日渐小，从天而坠，化为五色之珠，大如弹丸。梦中得而吞之，因即有孕。八十一年，容色益少，常若处女。灵飞亦百余岁而升天。既诞生老君之后，即有五色云舆迎之升天而去。又《李氏大宗谱》云：李氏之姓，其先黄帝之后，

① 《老子道德经序诀》，《中华道藏》第9册，第185页中。

② 《神仙》一，《太平广记》卷一，《四库全书》本。

③ 《玄妙内篇经》，《一切道经音义妙门由起》引，《中华道藏》第5册，第607页中。

姓公孙，曰轩辕。元妃西陵氏生昌意，昌意之妃方雷氏曰女节，感台光贯日而生少昊，曰青阳氏。少昊次妃名修房，生大业，大业之妃名扶始，感白云覆己而生皋繇，皋繇生伯益，伯益一名医。帝舜封之于嬴，因姓嬴氏。医妃姚氏生若水，若水生昌贵，昌贵生景仆，景仆生仲行。仲行为周成王诸侯，号曰非公。至宣王赐姓裴氏，裴氏之孙庭坚有女，贞洁不嫁，居楚国濑乡曲仁里，因食李实而有孕。历八十一年，安愈无苦，常有神明潜卫其身，以周惠王之时二月十五日，因攀李树，生于左腋。生而发白，左掌中有玉印字，右掌中有七十卷经字，左脚下有救字，右脚下有治字。生而能言，问父何在。母曰：吾贞洁不嫁，今则老矣。吾因食李实而孕，汝无父也。吾以处女而孕于汝，恐为乡里所笑。欲饮药而去之，神人告吾，不令吞药，及今八十一年矣。因食李而生，李即汝姓也。既生而老，号曰老子。老子作七十二经以记天地鬼神之名，述无为长生之道。娶天水尹氏之女，生子名贞利，当定王之时，此一说也。今详尹喜是康王大夫，昭王时为关令。老君已度关授经，此即年代悬殊，先后差爽。虽谱书所载，恐非真的。然李姓所起，今亦载得姓之由也。又《玄妙玉女元君传》云：老君在天为众圣之尊，先亿劫而行教，以无为常存之道化于天人。长于亿劫之前，为万圣之君长。故天尊、道君赐其真号，号曰老君。即在五太之前，历劫有此号矣。虽代代应见为帝王师，而未有降世诞生之迹。乃于九清之上，命玄妙玉女降于人间为天水尹氏之女，嫁李灵飞为妻。老君乃乘日精，驾九龙，化为五色流珠，下入玄妙玉女口中，而寄胞托孕，历八十一年。因攀李树而生老君，诞于左肋。当孕之时，神灵卫圣母之身。既生之后玉女捧接，祥云满庭，日童散晖，月妃掷华，众圣来集。老君乃指李树曰：此吾姓也。”[①]

3. 老子的容貌

老子既然被神化，其容貌自然也就异于常人。《道德真经广圣义》卷二《释老君事迹氏族降生年代》对老君的容貌有这样一段描述：“老君降生之后，九日之中，身长九尺，七十二相，八十一好，蹈五把十，美眉方口，双柱三漏，日角月渊，具大圣之相也。”[②]

敦煌逸书《老子变化经》也有这样的说法：“肩胛有参午大理，日角月玄，鼻有双柱，耳有三门，足□三年（午），手把天关。”[③]

魏明帝《老子化胡经序》说：“为周柱史，经九百年，金身玉质，口方齿银。额有参午，龙颜犀文，耳高于顶，日角月玄，鼻有双柱，天中平填。足蹈二五，手把十文。”[④]

《辨正论》卷六引《老子中胎》等经也提到：“老聃黄色广颡，长耳大目，疏齿厚唇。手把十字之文，脚蹈二五之画。”[⑤]

我们看到上述经典在描述老子容貌时，都提到了老子有“七十二相，八十一好”、“蹈五把十”、“美眉方口”、“双柱三漏”、“日角月玄”等特点。《三洞珠囊》卷八《相好品》对老子“七十二相，八十一好”作了如下说明：“老子七十二相八十一好者，老子有九变：第一变，身长六尺六寸，冠鱼鹊冠，八缘凤衣；第二

① 《道德真经广圣义》卷二，《道藏》第14册，第322页中–323页中。
② 《道德真经广圣义》卷二，《道藏》第14册，第321页上。
③ 苏晋仁：《敦煌逸书〈老子变化经〉疏证》，《道家文化研究》第13辑，第134页。
④ 魏明帝：《老子化胡经序》，《大正藏》54卷。
⑤ 法琳：《辨正论》，《大正藏》52卷2110号。

变，身长七尺七寸，重叠冠，白衣赤领赤袖；第三变，身长八尺八寸，通天冠，服五线之衣；第四变，身长九尺九寸，辟邪冠，服罗桂衣；第五变，身长一丈三寸，龙蛇冠，着朱光之衣；第六变，身一丈七寸，虚无冠，着黑毛羽衣；第七变，身长一丈一尺，元气冠，着龙蛇衣；第八变，身长一丈一尺五寸，百变冠，服自然衣；其老子第九变之时，身有七十二相，应七十二气，八十一品也。七十二相者，头圆法天，顶象昆仑；伏晨盘郁，玉枕徐起；皓发如鹤，长余七尺；虎霞龙霄，京洁如丝；眉如北斗，色如翠绿；中有紫毛，长余五寸；耳无轮廓，中有三门，高平于顶，厚而且坚；两目镜彻，日精紫光，方童秀朗，规中绿筋；鼻有双柱，形如截筒；口方如海，屑如赤丹；气有紫色，其香若兰；齿如含具，其坚若银，数有六人，上下均平；舌长且广，形如锦文，玉泉充溢，其味甘香，其声如金，其音如玉；颊似横咙，颐若阿丘，笼笼日角，隐隐月悬，犀文宜理，龙颜神变，金容黄色，玉姿润颜，额有三理，参午上达，天庭平填，兑面寿征；腹有白痞，颐有玉丸；项有三约，鹤素昂昂；垂手过膝，手把十文；指有玉甲，身有绿毛；背有河魁，胸有雇骨；心有九孔，外有锦文；挤深一寸，腹软如绵；脚方如矩，双摄法轮；足蹈二五，指有乾坤；内滋白血，外示老容；身长丈二，遍体鲜香；行如虎步，动若龙超。此是七十二相也。左扶青龙，右扶白虎；头生朱雀，足履玄武；身若金刚，貌若璃璃；圆光五明，头上紫气；胸前真字。此九好兼前七十二相，合成八十一好。”①

宋薛致玄在《道德真经藏室纂微开题科文疏》卷二中，对

① 王悬河：《相好品》，《三洞珠囊》卷八，《中华道藏》第28册，第459页下－460页中。

"蹈五把十"、"美眉方口"、"双柱三漏"、"日角月玄"等异相也作了解释：

黄色，圣容如金，故云黄色。

广颡，颡，额也。言其额广阔。

聃耳，耳大而垂曰聃。

大目，无所不见曰大。

疏齿，齿大而散曰疏。

方口，口谈道义曰方，非谓其形四方也。孔子亦河目海口，皆圣人之异相也。

厚唇，唇吻敦厚曰厚。

额有三五达理，理，文也。谓额间似有三五之字，通达之文也。

日角月玄，谓两额间似有日月之形，如日月之在天，无有远近幽深，无所不照，非实有此日月也。又面如满月也。玄，妙也，言圣容玄妙美好也。

鼻有双骨，言有三窍也。

耳有三漏，亦有三窍也。

足蹈二午，言足下有二午之文也。

手握十文。言两手各有十字之文，亦如大禹左手有水字，右手有台字，合为治字，此圣人之异相也。[①]

就是说，"蹈五把十"、"美眉方口"、"双柱三漏"、"日角月玄"等异相都是圣人所具有的异相，诸如孔子、大禹等圣人亦有

① 薛致玄：《道德真经藏室纂微开题科文疏》，《中华道藏》第10册，第493页下。

此异相。有大圣之德的太上老君，具七十二瑞相，八十一种好，其天相端严，圣容特异，不能遍举，又岂止此数瑞而已呢？

4. 老子的事迹

关于老子事迹，传说最多的莫过于“西去流沙”与“世为圣者作师”了。

李尤在《函谷关赋》中记载了老子在函谷关为尹喜著书之事：“惟函谷之关设险，前有姬之苗流。嘉尹喜之望气，知真人之西游。爰物色以遮道，为著书而肯留。”[①]《老子道德经序诀》记得更详细：“世衰大道不行，西游天下，关尹喜曰：大道将隐乎？愿为我著书。于是作道德二篇五千文，上下经焉。”[②]“老子以上皇元年正月十二日丙午，太岁丙卯，下为周师。到无极元年，太岁癸丑，五月壬午，去周西度关。关令尹喜宿命和道，预占见紫云西迈，知有道人当度，仍斋洁烧香，想见道真、以其年十二月二十五日，老子度关也。喜见老子，迎设礼，称弟子。老子曰：汝应为此宛利天下弃贤世（界）传弘大道，子神仙者也。以二十八日中，授《太上道德经》。”[③]

《列仙传》说：“关令尹喜者，周大夫也，善内学，常服精华，隐德修行，时人莫知。老子西游，喜先见其气，知真人当过，物色而遮之，果得老子。老子亦知其奇，为著书授之。后与老子俱游流沙化胡，服苣胜实，莫知其所终。尹喜亦自著书九篇，号曰

---

① 李尤：《函谷关赋》，《艺文类聚》卷六引。转引自苏晋仁：《敦煌逸书〈老子变化经〉疏证》，《道家文化研究》第13辑。

② 《老子道德经序诀》，《中华道藏》第9册，第185页中。

③ 《老子道德经序诀》，《中华道藏》第9册，第186页上。

杜光庭把中国古代创世传说的故事，全部杜撰成老君所为，伏羲时画八卦者老君也；神农时播百谷、采百药者老君也；祝融时教陶铸、以火食者老君也，制法度、作形器、制礼乐、作官室、为舟车、日中为市等，均系老君所为一也。这是边韶《老子铭》“世为圣者作师”的发展，老君俨然成为开天辟地的造物主了。这真应了老子《道德经》中“道生一，一生二，二生三，三生万物”之说了。

另外太上老君在杜光庭手下被神化为至高无上无处不在的神灵。“老君挺生空洞变化自然，智慧无穷，圣德周备，形既莫测，号亦无边，在天为万天之主，在圣为万圣之君，在仙为万仙之总，在真为万真之先，在星为天皇大帝，在教为太上老君”而且“主领天上天下，地上地下，五亿天界，有情无情，有识无识，有形无形，皆太上老君所制御也。”所有这些都表明对老子的宗教化已经达到登峰造极的地步。它从天上天下，地上地下，从神、人、鬼，从开天辟地万物起源，直至唐现世，应有尽有都由太上老君主宰了，较之两汉魏晋南北朝时的老君，其神力之扩大已无与伦比了。

第二章

道教的兴起——东汉末年

一、魏伯阳与《周易参同契》

丹经始祖魏伯阳

葛洪的《神仙传》记载了魏伯阳的生平事迹及其活动。据《神仙传》说，魏伯阳曾带领三个弟子入山炼神丹。他知道两个弟子心不诚，就设计考验他们，在神丹炼成那天试探他们说：“金丹虽成，应该试试它灵不灵。我们先给狗尝，狗吃了能飞天，人就可以服用，如果狗吃了死掉了，人就不可服用。”说完就扔一粒令人暂死的毒丹给狗吃，狗立即就死了。魏伯阳转过身来对弟子说：“这丹恐怕炼不成了，拿它来喂狗，狗吃了就死，恐怕人吃了像狗一样，怎么办?”弟子问他：“师父你吃不吃?”魏伯阳回答说：“我离家背井入山炼丹，就是想求得长生不死，今日修仙不成，我还有什么脸面回去。死生原来没有什么不同，我就服用吧。”说完便服丹死去。弟子你看看我，我看看你，说：“出来炼丹，是想求得长生不死，而服用了神丹反而马上死掉，不知该怎样好。”其中一个虞姓弟子想：师父并非凡人，他服丹而死，必有深意。于是也跟着服丹而死。

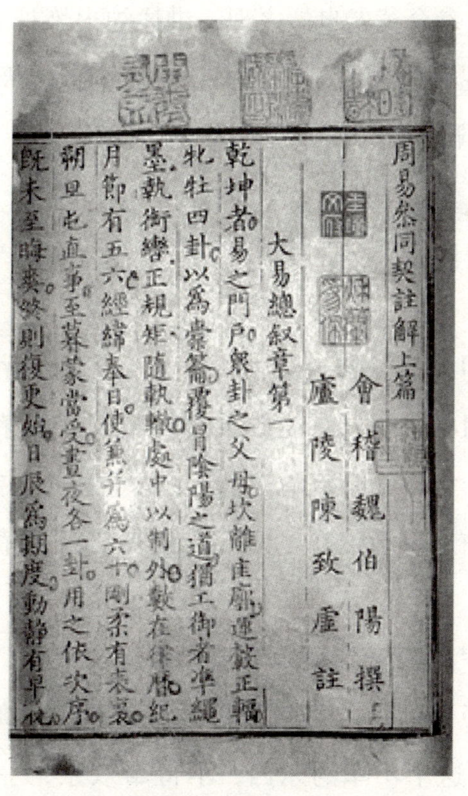
周易參同契註解上篇

會稽魏伯陽撰

廬陵陳致虛註

大易總叙章第一

乾坤者易之門戶衆卦之父母坎離匡廓運轂正軸牝牡四卦以爲槖籥覆冒陰陽之道猶工御者準繩墨執銜轡正規矩隨軌轍處中以制外數在律曆紀月節有五六經緯奉日使兼并爲六十剛柔有表裏朔旦屯直事至暮蒙當受晝夜各一卦用之依次序既未至晦爽終則復更始日辰爲期度動靜有早晚

《周易参同契》注解

另外两个弟子看见这一幕，就互相讨论说："炼丹为的是求长生，而今服用了仙丹反而死了，炼丹还有什么用。倒不如不炼丹不服丹，回去还可以活几十年。"于是决定不服用，两人一起出山，为死去的魏伯阳和另一位弟子买棺材。谁知他们一走开，魏伯阳复活了，再用神丹救醒虞姓弟子和狗。于是，魏伯阳留下一封信便带着弟子、牵着狗一同游仙去了。另外两个弟子见信后懊悔不及。

魏伯阳结合自己的经验，对以往的养生、炼丹术作了总结，撰写了《周易参同契》一书。此书以《周易》为立论根据，贯通《周易》、黄老、炼丹三学之经典。其中心思想是运用《周易》揭示的阴阳之道，参合黄老自然之理，讲述炉火炼丹之事。《周易参同契》是我国现存最古的一部丹书，对后世影响极大，人称"丹经之祖"，魏伯阳也因此被尊为"万古丹中王"。

二、三茅真君

三茅真君即西汉初修道成仙的茅盈、茅固、茅衷三兄弟，是道教茅山派的祖师。据葛洪《神仙传》记载，三茅兄弟的高祖父名茅蒙，学道于华山，秦始皇三十年，茅蒙得道，乘赤龙而升天。就在他升天之前，有童谣在乡间流传说他的玄孙茅盈将继承他的事业。

茅盈十八岁就离家到恒山学道，修炼二十年，道成而归，父母尚健在，没想到的是老父亲见儿子归来不仅不高兴，还勃然大怒，骂道："你这个不孝的东西，不侍奉双亲，一跑就是 20 年，连个音信都没有。现在你回来干什么！"说完，举起手中的拐杖就要打。茅盈赶紧跪在地下劝阻道："请父亲不要生气。我现在已经是得道成仙之人，千万不能打。"父亲以为他骗人，举杖就打。谁知道拐杖还没碰到儿子的身体就折成几段，像飞箭一样，竟把墙壁穿了几个大窟窿。父亲大吃一惊，这才知道儿子所说不假，真的成了神仙，气也消了。他问儿子："你说你得了道，你能让死人变活吗?"茅盈说："除了有罪之人不能救活外，其他暴病夭亡的另当别论。"正好村里有个少年刚死几天，家里人哭得死去活来，茅盈前去，运用道术，还真让他起死回生了。这一下轰动了十里八乡，一传十，十传百，都知道有个茅盈能起死回生，夭亡者亲属请他为死者施展道术救人者络绎不绝。茅盈也真是道行不浅，除了有罪之人外，简直是药到人活。人们对他又佩服又感激，称为"茅神仙"。

后来茅盈与父母宗亲辞别，登羽盖车而去，到江南句曲山为老百姓治病。山下的老百姓，为感激他的恩德，在山上建庙供奉。远近之人，赖君之德，没有水旱疾疠螟蝗的灾祸，因此人们称此山为茅山。茅盈的弟弟茅固、茅衷，仕汉位至二千石。后来两个弟弟七八十岁的时候，弃官弃家，过江寻兄，茅盈给他们服用了四扇散，使他们却老还婴，在山下洞中修炼四十余年，也修成正果。太上老君分别封他们为司命真君、定录真君、保命真君，皆列上真，合称"三茅真君"。

三、张角与太平道

张角是河北钜鹿人（今河北平乡西南），信奉黄老道。东汉灵帝时期，由于外戚、宦官把持朝政，豪强地主兼并土地，农民流离失所，再加上灾异流行，社会危机十分严重。张角利用《太平经》中的宗教思想，创立起一支庞大的宗教组织“太平道”，并以此组织为基础，发动了中国历史上规模最大的一次以宗教形式组织起来的农民起义——黄巾大起义。

《太平经》一书是早期道教奉持的重要经典。据《后汉书·襄楷传》记载：东汉顺帝时（126—144 年），有个叫宫崇的人向朝廷献上一部“神书”。据说此书是宫崇的老师于吉在曲阳泉水上所得，有 170 卷，号称《太平青领书》，其内容主要讲怎样“去乱世、致太平”，书中假托神人降世，提出许多改良政治、挽救社会危机的主张。这部神书被朝廷视为妖妄不经的东西，因此被收藏不用。桓帝时平原人襄楷再次来京师进献此书，仍未受到重视。直至汉灵帝后，认为襄楷之书不错，这部神书才得到统治者承认在民间传播开来。

东汉末年，由于社会危机日益加剧，这时张角便利用《太平经》创建太平道，组织民众反抗汉朝的统治。张角自称“大贤良师”，奉事黄老道，其弟张宝、张梁则称大医。他们常以治病的方式传道，持九节杖画符念咒，教病人叩头思过，并教人饮其符水。这些都属于古代流传的役使鬼神、驱鬼治病的巫术。叩头思过，就是向神坦白自己的罪责过失，向神忏悔。符水咒说，就是用符箓（是一种笔画屈曲，似字非字的图形）和咒语召神拘鬼，制止恶鬼害人，以消灾除病。有的人因病较轻，经过这种心理刺激，饮用符水后痊愈，就说此人信道心诚。如果病稍重不愈，就说是因他不信道所致。张角等人在河北一带传教，颇得民众信赖。后又派弟子 8 人，向四方传道，扩大影响。经过十余年的活动，信徒总数达到数十万之众，遍及青、徐、幽、冀、荆、扬、兖、豫八州。张角又将教区分为 36 方，大方有信徒一万余人，小方也有六七千人，每方设“渠帅”统率。

道教符箓

张角自称“天公将军”，其弟张宝称“地公将军”，弟张梁称“人公将军”，并传出“苍天已死，黄天当立，岁在甲子，天下大吉”的谶言和口号。道民都头戴黄巾，约定于中平元年（184 年）三月五日期会邺城，发动起义，建立“黄天泰平”的世界，后因叛徒唐周告密，迫使起义提前 10 天举行。他们揭竿而起，即得四方响应，但由于起义军起事仓促，在朝廷军队的攻击下伤亡惨重。仅皇甫嵩一支军队，就杀戮了黄巾军 20 万人。黄巾军虽然在各地地主武装的镇压下失败了，但却给东汉王朝以致命的打击。

四、三张与五斗米道

东汉顺帝时，由于皇帝昏庸，外戚和宦官把持朝政，致使贪官污吏横行，民不聊生，造成哀鸿遍野的悲惨景象。这时，四川大邑鹄鸣山中有一位老叟，自称梦遇太上老君传与道法，命为天师，传教济世，这人就是道教史上著名的天师道的创立者张陵，道徒称其为张道陵或张天师。

张陵是沛国丰（今江苏丰县）人。他本是文人，学识渊博，自幼诵习《道德经》等，也曾做过地方官，后弃官归隐，到各处传教。在传教的同时，他又用符水咒语为人治病。治病用的符水，除了集自己多年的炼丹经验外，还吸取了蜀地民间巫医的医术。治病每有奇效，因此消息不胫而走，投奔者络绎不绝。

在用药治病的同时，张道陵还设置专门的静室，教病人在静室里打坐，首先向神灵忏悔，并在文书上书写病人姓名，诉说过去犯下的种种过错，这种方法叫“三通”或者“三官手书”，就是将同一文书书写三份，一份投放到山顶的石缝之中，送达天官；一份埋在地下，送达地官；一份沉在水底，送达水官，请求神灵给予宽恕。通过这种方法首先使心灵得到净化，然后再结合张天师专门配置的符水进行双重治疗多数病人都能痊愈。因此，当地百姓将张道陵视为神明，纷纷拜他为师，皈依他的大道。由于入教的人，每人都需缴纳五斗米，被称为“五斗米道”。

东汉后期，疾疫流行，数次大疫，死者不计其数。疾疫、灾害，加之社会黑暗，使得当时鬼神迷信的气氛极为浓厚。迷信的人大都认为是鬼魅杀人，汉末应邵所撰《风俗通义》就曾记载有恶鬼害人的传说。书中说汝南汝阳西门习武亭有鬼魅，宾客宿止多死亡。询问原因，说早先就有怪物出没。后来，有一个叫郑奇的人在路上遇见一妇人，要求同行，到习武亭登楼共宿。第二天早晨郑奇离开，刚走了几里路就闹肚子疼，不久便死了。而在亭楼却发现一具女尸，正是亭西北八里新亡的吴氏妇。北部督邮郅伯夷也到亭里借宿。天还未黑，楼阶下便燃起了火，伯夷传话说不能见火，让人把火灭去。到了晚上，伯夷读完《六甲》、《孝经》和《易本》后就睡了，暗中却拔剑以待。夜里，有个四五尺高的鬼魅来扑击郅伯夷，伯夷用被子将其盖住，用剑斩断鬼魅的脚，用灯一照，原来是一个正赤老狸。

张陵创教时的五斗米道，是一种具有主神崇拜特征的多神教，张陵“自称太清玄元”，除崇奉老子为主教外，还造出了许多神，以长生成仙为最高目标。主要教义是改从“新出正一明威之道”，用“道气”取代“故炁”。所谓“炁”，就是指的鬼神阴阳之气。主要道术是上章招神和符咒劾鬼。张陵在世时，五斗米道已有道书、教义、教仪、组织和戒律。

张陵死后，其子张衡、孙张鲁先后嗣教。张衡称嗣师，张鲁称系师。关于张衡的事迹正史少有记载。当时还有一位五斗米道的领袖叫张修，也强调叩头思过，符水治病，并首次把《老子》五千文作为教徒必修的经典。后来张鲁在汉中取代了张修，成为统一的五斗米道的领袖。张鲁嗣教后，在汉中建立了政教合一的地方政权。张鲁自称“师君”，并以教中“祭酒”管理地方行政，统治汉中地区近30年。祭酒既是教职，又是官职，他们保证义舍、宽刑、禁杀、禁酒等项措施的实行。以廉耻治人、诚信不欺诈、令病人自首其过、修路补过以及禁酒肉等主张和办法，都是张陵传下来的旧法。所不同的是张鲁创立了一种义舍，义舍的经济来源大概是托名于“供道”的租米制度，即由道民交纳一定数量的米肉诸物。直到北魏寇谦之“清整道教，除去三张伪法”这种租米制度才废止。

建安二十年（215 年），曹操亲率大军征讨张鲁，张鲁最终投降了曹操，因为张鲁原本就有投降的意图，所以被曹操封为镇南将军，阆中侯。张鲁的五个儿子都被封为列侯，女儿也成了曹操的儿媳妇。张鲁投降曹操以后，五斗米道迁入中原，取得了合法地位，影响日益加大。待到晋一统天下，五斗米道改称天师道，成为社会上层和下层共信的大教，它的传播已遍及大江南北。

第三章

道教的转型——魏晋南北朝

一、太极左仙公葛玄

葛玄（164—244 年），字孝先，三国时丹阳句容（今属江苏）人，出身东吴士族家庭。葛玄幼而好学，13 岁博通古今，十五六岁在江苏一带就很有名气。性喜黄老之术，不愿进仕，后拜左慈为师。

左慈，字元放，少有神道，通晓五经，兼通星相，后来到天柱山学道，遇有神人授《九丹金液经》。出道之后，能驱使鬼神，变化万端，能辟谷，会遁术和房中术。曹操听说后将其召到魏国，向他学习仙术，以期达到长生不老。据说，刚到魏国时，曹操有意要试一下左慈的道术，就把左慈召进宫内，说："我听说先生擅长辟谷之术，能不能让我也见识一下？"左慈说："这有什么难的，雕虫小技而已。"于是进入曹操事先准备好的石屋之内开始辟谷。为了防止左慈辟谷期间得到吃喝，曹操命人将石屋所有通口封死，并派人严加看守，而且下令：若有私下送食送水的人，杀无赦。

一年后，曹操让人开启石门，左慈出来时，依然面色红润，精神焕发，与进去之前相比，并无丝毫变化。曹操大惊，竟然不顾身份向左慈揖首，想拜左慈为师。没想到左慈说：“不是贫道不愿将道术传授给您，而是修道之人必须做到清净无为，抛弃一切虚名，舍弃一切荣华富贵，潜心修身养性，达到忘我的境界，方可得道。我看修道这件事，不是您所能做到的。”曹操平日听惯了奉承的话，文武群臣谁也不敢在他面前说个不字。他满以为开口提出向左慈学道，左慈一定会感激不尽，一口答应，不料却碰了一鼻子灰，不禁勃然大怒，起了杀左慈的心，但他毕竟狡诈，心中虽有不悦，脸上却没有表露出来，只是将话题一转，谈起了别的事。可是他哪里料到，左慈乃得道的仙人，早已将他的心思看得一清二楚。随便聊了几句之后，左慈忽然说：“如果您没有其他的事，就请允许我告辞。”曹操说：“先生为何要忽然离去？”左慈说：“如果我再不走，您就要把我杀了。”曹操一愣，随即满脸堆笑道：“先生何出此言，我曹操一向尊重先生，怎么会起此恶念呢？一定是先生住惯了清静的环境，想离开我这车马声喧之地，所以才与我开了个玩笑吧。”

一天，曹操大宴宾客，左慈也在席。席间，曹操突发感慨说：“今天高朋满座，虽然有山珍海味，但很遗憾的是没有吴淞江的鲈鱼。”左慈听说后说：“这不难，你们等着，鱼一会儿就好。”他让侍者拿一个大铜盆，盛满水端上来。水端上来之后，左慈手持竹竿在其中垂钓，很快就钓上一条鲈鱼，宾客惊讶不已。曹操高兴地拍掌大笑，连问：“一条太少，还能再钓几条吗？”左慈接着下竿，不一会儿就钓上来好几条活蹦乱跳、大约三尺左右的鲈鱼。曹操又说：“鱼是有了，如果烹调时用蜀地的生姜做调料，味道就更鲜了。”左慈说：“简单，请各位稍做等候。”说完，使用遁形术，没了人影，还没等众宾客缓过神来，左慈已经入蜀得生姜而还。

还有一天，曹操与百官外出郊游，正感觉肚子饥饿难忍时就闻到了一阵阵酒肉之香。原来是左慈在不远处的亭子里一手携酒，一手携肉，正在自斟自饮。奇怪的是，虽然是百官看着左慈在吃，但好像是自己在吃喝一样，不一会便感觉脚下轻飘飘的，有酒醉饭饱的感觉。曹操感到奇怪，派人到附近的酒家查看，才发现各店的酒肉都不见了。曹操很不高兴，想捕杀左慈，没想到左慈混入路中的羊群不见了踪影。

曹操见左慈逃跑了，心中十分生气，便令手下官吏全力搜捕左慈。一天，一个人悄悄向他报告，说已经发现了左慈的行踪。曹操忙差遣捕吏前去捉拿。在一间屋子里，捕吏们抓到了正在闭目修道的左慈并将其被关进戒备森严的牢房里。准备用酷刑折磨左慈。刚准备用刑，忽见门外还站着一位左慈，正若无其事地望着自己。狱吏瞧瞧这个，又看看那个，从外貌体态到举手投足，几乎完全一样，刚想上前捉拿，站在门外的左慈又突然不见了。狱吏慌了手脚，忙跑去向曹操禀报。曹操听说后，知道左慈是在故意要弄自己，心中越发恨透了左慈，当即决定，尽快将左慈杀掉，而且要当众斩首，以解胸中的恶气。

第二天正午，左慈被五花大绑，押赴闹市，绑在行刑架上，准备斩首示众。正当刽子手举起鬼头大刀，要往左慈头上砍去时，围观的人群中忽然爆发出一阵骚动，刽子手举目望去，只见人群中突然冒出六个与左慈一模一样的人，站在那里哈哈大笑。警卫法场的士卒急忙上前去抓，无奈那六个人动作极其敏捷，转身钻进人群，溜之大吉了。刽子手回过头再看行刑架，不禁大吃一惊，只见架上只剩下一副绳索，而左慈早已逃之夭夭，踪迹皆无了。曹操听说左慈又一次逃脱，肺都快气炸了，他命手下的人紧闭城门，任何人不得出城，他横下一条心，无论如何也要抓到左慈，以雪受戏弄之耻。有人问不认识左慈怎么办，曹操便令人画了许多张左慈的头像，贴于大街小巷，画像上还注明：凡瞎一只眼，戴青葛巾，穿单衣者，即为左慈。百姓若有发现者，立即报知官府，不得有误。

不料告示刚贴出去不久，街道上忽然出现了许许多多瞎一只眼，戴青葛巾，身穿单衣的人。在街面上巡逻的捕吏见涌现出如此众多的左慈，顿时没了主意。曹操听罢此事，气得脸色发青，冲着捕吏们嚷道："只要在市面上再见到像左慈的人，不管是与不是，一律先斩后奏。"

几天之后，一个人自称已经杀死了左慈，还带来了头颅，前来向曹操请功。曹操大喜，急令进见，并要马上看看仇家的头颅。谁知揭开包尸布一看，里面根本没有左慈的人头，只是一束茅草而已。而那个声称已经杀死左慈的报功者，此时垂头丧气，心中叫苦不迭，站到一边听候发落去了。

后来左慈到了荆州。当时荆州是刘表的辖区，刘表早就听说曹操饱受左慈的戏弄，欲杀左慈而终未得手，最近又听说左慈来到了荆州，心中不禁慌张起来。刘表为人软弱既怕放过左慈而得罪了曹操，又怕效法曹操而惹恼了左慈，想来想去，他心生一计：何不借阅兵仪式，以雄壮的军威从气势上压倒左慈，使其臣服于己？主意已定，他便组织了一场规模巨大的阅兵式，同时邀请左慈参加，一同观摩。

左慈早已看透了刘表阅兵的用意，接到邀请后，他便将计就计，一口答应下来。在阅兵场上，刘表指着盔明甲亮、旗帜鲜明的队伍对左慈说："先生认为我的军队表现如何?"左慈赞叹不已。刘表又说："久闻先生道术精深，今日能否请先生在三军面前，让我们见识一下呢?"左慈微微一笑，说："贫道哪里称得起道术精深。既然景升（刘表的字）兄有意让贫道表演一番，那么我就将一份薄礼奉献给三军将士，还请景升兄笑纳。"说着，左慈一摆手，让弟子抬上来一坛酒和一束肉干。刘表一看，酒和肉干甚至不够手下一个将军吃的，便诧异地对左慈说："我这三军将士，加起来有数万人，先生这一点点东西，恐怕无法犒劳官兵吧?"左慈依然面带微笑："不让官兵吃饱，我如何敢说犒劳的大话呢?"刘表看了看那些酒肉，心里虽然不信，嘴上却也不好再说什么，便命令官兵依次前来接受"犒劳"，心想：到时不够分发，我看你怎么办。

左慈不慌不忙地从腰间拔出一把刀，握住那束肉干，凡遇一个军卒，便削下一块肉干，并赐酒三杯。不一会，刘表手下数万军兵每人都得到肉干一块，美酒三杯，不但军兵每人酒足饭饱，就连刘表请来的近百名嘉宾，每人也喝得大醉。刘表看那束肉干和那坛酒，仍与先前抬上来的一样，数量丝毫未见减少。这回刘表真是心服口服了，连连称赞："先生真乃神人也。"于是，刘表打消了加害左慈的念头，恭恭敬敬地善待左慈。

左慈在刘表大营中闲居数日之后，往东吴而去见吴主孙权。孙权对左慈身怀绝技早有耳闻，所以在见面之后，以礼相待。孙权手下有个侍臣，名叫谢送，知道曹操、刘表等都十分忌恨左慈以道术惑众，便屡次向孙权进谗言，想让孙权除掉左慈。一天，孙权外出围猎，特请左慈参加。左慈穿着一双木头鞋，手持一根青竹杖，走在队伍的前面。谢送骑在马上，见左慈在前方百步之遥的地方走着，心想："此时是杀他的最好机会。"于是他催马持枪，从后面追杀上去。追了一阵，谢送见与左慈的距离还是一百步，大惑不解。他把心一横，双手紧握钢枪，双腿紧夹马腹，想尽快赶上左慈，可无论他怎样催马，始终也追不上缓步而行的左慈。最终，谢送人困马乏，停止了追杀。

后来左慈在江东某名山隐居修道，葛玄遇之，拜左慈为师。左慈给葛玄传授炼气保形之术及《太清丹经》三卷、《九鼎丹经》一卷、《金液丹经》一卷。葛玄先后到过浙江天台山、括苍山及湖南衡山、广东罗浮山等22处名山修道炼丹。在荆门紫盖山炼丹时，正值天寒地冻，葛玄衣衫褴褛，赤裸双脚。两个农家姑娘见了很心疼他，就连夜赶做了一双棉鞋送他。等鞋做好送去时，葛玄已飘然离去。两位姑娘一摸丹炉底部还是温热的。她两拨开炉灰见里面还有一粒丹药，便各自分吃了半粒，从此不饥不渴，精神旺盛。葛玄最后在江西阁皂山修炼，因为他认为这里环境优美，最适合修炼，便在此建立灵宝法堂，后来阁皂山便成了道教灵宝派的祖庭。

据传，葛玄常服术辟谷，能经年不饿；擅长治病，能使鬼魅现形，或杀或遣；还能坐在薪柴烈火之上而衣冠不灼；或酒醉潜入深水中卧睡，酒醒乃出，身不濡湿；还能分形变化，善使符书。吴主孙权仰慕葛玄之名，欲加以荣位，以客礼待之。一次，孙权让葛玄随其出游，看到一路上不少百姓设香案求雨，孙权问："今年大旱，再不下雨，将颗粒无收，百姓明年的生计就成问题了。先生能否施法为百姓祈来一场雨水？"葛玄说："这很简单。”随即书写浮签置于神社，作起法来。顷刻间，天上乌云翻滚，雷声隆隆，一声霹雳过后，白雨乱飞，没过多久地上的水就达一尺多深。孙权又说：“雨水够了，先生还能不能使水中有鱼游动?”葛玄再作符书投入水中，只一会，就有百余头二三尺长的大鱼在水中游动。孙权命侍者捞上几条，洗净后入锅烹饪，鱼香扑鼻，果然是真鱼。

葛玄四处游历，途经武康，看见一家人正在请巫师祭祀妖邪。妖邪附在巫师的身上邀葛玄喝酒，葛玄故意不喝。那妖邪就口出恶言，葛玄怒骂道：“奸鬼真不知天高地厚。”当即命五伯抓住妖邪的头绑在柱子上狠狠地抽打，只听得见鞭子的声音，却看不见鞭影，但妖邪已皮开肉绽，鲜血淋漓，苦苦哀求，低头服罪。

葛玄路过华阳地域，见一位秀才印堂发暗，满脸邪气，于是化作农夫，告诫他说：“你的老婆是蛇精变的，已吃了不少人，你现在的处境很危险啊!”秀才执迷不悟，反而责怪葛玄挑拨是非。于是葛玄带他来到一口枯井旁，只见井中白骨成堆，秀才恐惧万分。葛玄又叫秀才暗中观察，卧在帐中的妻子果然是一条毒蛇，身旁还有一条小蛇。葛玄上前斩杀了它们，突然又窜出无数条小蛇前来助阵，都一一被葛玄斩除了。葛玄又写下一道符让这位秀才喝下，当即泻出无数蚯蚓、蛤蟆，秀才匍匐在地，不住地叩头，感谢葛玄的救命之恩。

传说有一人随风飘海，忽遇神岛，有仙人交给他一封信，上面写着“寄葛仙公”，并嘱咐他回到吴国后务必交给葛玄。吴国人知道后，都改口称葛玄为葛仙公。东吴赤乌七年（244 年），葛玄去世，举国之人都说太上老君早已授给他“太极左仙公”之职，现在是成仙去了。葛玄的弟子多达500 余人，其中有名的是郑隐。

郑隐，字思远，也擅长神仙方术。葛玄后来将《太清金液神丹经》和《正一法文》、《灵宝五符经》传给他。郑隐在世80余年，西晋末因避战乱隐入霍山，世人莫知其所终。郑隐所收弟子不少，其中包括葛玄的侄孙葛洪。

二、葛洪与葛氏道

葛洪，字稚川，号抱朴子，江苏句容人，生于西晋太康三年(283年)。少年时学习儒家经典，后舍儒从道，跟随郑隐学习仙术。郑隐去世后，他曾参与镇压张昌、石冰起义。后来到了广州，遇到南海太守鲍靓。鲍靓曾拜左慈为师，精于道术，会占卜，算来也是葛洪师祖之辈。鲍靓见葛洪虽形貌丑陋，却对道教有深入的研究，认为将来必成大器，不仅将自己的绝招悉数相授，而且还把自己的女儿鲍姑许配给他。东晋初，葛洪还归乡里，被司徒王导起用为州主簿、司徒椽，迁咨议参军。

据传葛洪性钝口讷，不善言谈，但为人朴直敦厚，虽身在官场，却从不趋炎附势，结交豪权之徒，不论外出或有人来访，总是一身破旧衣裳，也不怕别人嘲讽。当时社会上斗鸡、走马、下棋等博戏活动成风，官商士绅无不以此为乐。同僚们见他除了公务，整天在家读书，便劝他人生苦短，得行乐处且行乐。不料葛洪却说："此类末伎，既乱人心又妨日月，官吏迷恋于此必然会懈怠于听狱治国，读书人专心于此便必会荒废学业，而农夫商人热衷于此则忘稼穑、失货财。特别到了胜负难分之时，双方交争于众人之下，心热面愁，名为娱乐，实则自相煎悴罢了。"同僚们见他如此，便不再理会他了。

40岁时，葛洪与鲍姑游历苏杭一带，最后在石室山附近结庐潜居。远近乡民听说来了一位道人，常来找他看病。葛洪医道高明，药到病除，被乡民誉为活神仙。葛洪感慨地说："自古医道不分，医家通方术者十分有限，大师只有扁鹊、华佗等人，而道士精通医术者比比皆是。现在的江湖道士只知说鬼问卦，不通医理。一旦染病自身难保。还谈什么成仙呢！"

为了普及医学常识，葛洪熟读古今医书，广集民间验方。编成了《肘后备急方》三卷。书中主要讲述了内科常见病的治疗和外科用药，用炙的方法等，简便易行，普通人也能备用救急。葛洪因此被后人视为道医的杰出代表。葛洪声名鹊起，不断地有人拜师求教，也有人上门跟他辩论。一天，有个不信鬼神的人登门拜访，问他："先生认为世上真有神仙吗？"

葛洪回答："即使最能走的人，所到之处也不如未到之处多；最聪明的人，所知之事也不如未知之事多。人的感官认识十分有限，一般人对神仙的了解更是少得可怜啊！"

来人辩解说："有始有终，有存有亡，这是自然之理。自古圣贤难免一死，谁又见过返老还童、死而复生的奇迹？"

葛洪叹息道："失明的人看不见日月，失聪的人听不见雷霆，有些人连周公、孔子曾在世上都不相信，更何况神仙呢？"

葛洪决定写一部有关神仙事迹和神仙修炼的书，历述古今各派道法，宣传神仙信仰。书成之后，他用自己的道号作书名，题为《抱朴子》。《抱朴子》分为内外两篇，内篇论述神仙道教理论；外篇以儒家伦理纲常评点"人间得失"，体现了葛洪以神仙养生为内、儒术应世为外的基本思想。《抱朴子内篇》全面总结了自战国秦汉以来的神仙信仰，从理论上系统地论证了世界上确有神仙存在，而且有志者可以勤学苦练而修成神仙。他还记述了晋代以前流行的各种神仙方术，包括守一、行气、辟谷、导引、房中、医药、炼丹等，尤其对炼丹术的贡献最为卓越。葛洪曾亲自烧炼金丹，研读古代传下的丹经，在其书中记录了许多炼丹的药物配方和操作方法，积累了许多有关矿物和动植物药品的知识，特别是有关物质化学变化的知识。因此，《抱朴子内篇》不仅是一部道教史名著，也是研究我国古代化学和医药卫生学的宝贵资料。

到了晚年，葛洪欲炼丹求长生。听说交趾（今越南北方）地区产丹砂，便携子侄南下。走到广州时，被刺史邓岳盛情挽留，遂止于罗浮山修道炼丹。葛洪 81 岁时，给好友邓岳写了一封信，说他准备即刻远行。邓岳接到信后。忙赶来为他送别。谁知葛洪已端坐而逝，面色如生，肢体柔软。移棺下葬时，棺木很轻。打开一看，里面只有一件空衣。

从汉魏之际的左慈，经葛玄、郑隐至晋代葛洪，道教的神仙方术经过几代方士的发展，渐趋成熟。这主要表现在两个方面：一是神仙信仰开始形成一套比较系统的理论和方术，有了明确的指导修道成仙的思想和具体操作方法；二是某些神仙方士通过经典和方术秘诀的传承，开始结成团体，在道教中形成了不同于太平道或五斗米道的神仙道教组织。葛玄、郑隐、葛洪这一派，被后人称之为葛氏道或金丹派，他们对后来道教的继续发展有重要的影响。

三、魏华存与上清派

东晋时，茅山附近的丹阳、晋陵等郡县，居住着一些著名的地方士族，如丹阳郡句容县葛氏（葛洪家族）、许氏（许迈家族）、秣陵县陶氏（陶弘景家族）、晋陵郡鲍氏（鲍靓家族）、华氏（华侨家族）等。这些家族彼此世代通婚，并且都信奉道教。其中许迈家族的道法，主要传自天师道女祭酒魏夫人。

魏夫人名华存，山东任城人。她是西晋司徒文康公魏舒之女，自幼好道，喜读老庄。常常服食胡麻散、茯苓丸等长生不老之药，内练调息之术。长大后嫁给南阳刘幼彦，生有二子，长子刘璞，次子刘瑕。等孩子长大一点，便与丈夫分居，潜心修道。

据说魏夫人别寝修炼后，常有仙人下凡传授她大法。某夜忽有神仙王褒及诸真人降临其室。魏夫人礼拜过后，王褒问她："你认为道教的最高境界是什么?"魏夫人答："我想应是天师道尊崇的玉清境吧。"王褒摇头说："不对。许多人只知道玉清而不知道上清。其实上清仙境较之于玉清仙境更胜一筹。曾有一个太极真人传授给我《大洞真经》等31卷经书，要我照此修炼。我观察你很久了，见你诚心奉道，所以将此经传授于你。"另外还有景林真人也曾降临传养生宝典《黄庭经》给魏夫人。西晋末，魏夫人因避中原战乱而渡江南下，东晋咸和九年（334年）去世。道书中说她成仙升天，授以"紫虚元君上真司命南岳夫人"之职，主管下界奉道应仙之人。

魏夫人弟子杨羲，本来是吴郡人，后来到句容。他与许谧(许迈之弟)、许翙父子交好，被许氏推荐为琅琊王司徒公府舍人。他们三人都信奉道教，因此便合伙造作道教经典。东晋兴宁二年(365年)，杨羲托称魏夫人及众仙真下降，传授《上清真经》，告知修道秘诀。由杨羲先用隶书写出，然后传给二许父子另行抄写。到了东晋末年，杨羲、二许均已先后去世。许翙之子许黄民为躲避战乱，携带经文至浙江剡县。从此《上清真经》开始在社会上广为传播，江东许多道士都曾参与传抄经典，在抄写中又多有伪造增益，使经书增至一百多卷。这些经书后来由南朝道士陆修静、陶弘景等人搜集整理，现在大多还保存在《道藏》中。《上清真经》的问世与传播，在道教中形成一个新的教派即上清派。该派信奉元始天王（后改称元始天尊）、太上大道君等神灵，以魏夫人或杨羲为开派祖师，主要传习《上清大道真经》、《黄庭经》等经典。在修行方术上特别重视诵经、思神、服气、咽液等，也兼习金丹、符咒等方术，但反对天师道的房中术。上清派虽由杨、许首创，但教派的奠基光大者，却是南朝齐梁时著名道士陶弘景。

四、山中宰相陶弘景

陶弘景（456—536 年），字通明，丹阳秣陵（今南京）人。出身江南士族家庭，年轻时曾出任南齐诸王侍读，管理王室文书事务。由于官场排挤，直至三十六岁时才做到“奉朝请”（六品文官）的职位。因宦途不得志，心情怏怏，乃于永明十年（492 年）辞官隐退，居住茅山修道四十余年，自号为“华阳隐居”。由于他学识渊博，著述甚多，齐梁两朝公卿士大夫皆尊敬他，纷纷从之学道。梁武帝萧衍早年曾与陶有过交游，当萧衍起兵讨伐南齐东昏侯时，陶弘景派弟子奉表拥戴。后来萧衍禅代南齐称帝，陶又帮助萧衍选定“梁”字为国号。因此梁武帝即位后对陶弘景格外恩宠，多次请他出山做官，都被他婉言谢绝。他说：“圣上的恩宠贫道心领了。我已是归隐之人，以侍奉道祖为唯一宗旨，大道才是我最后的归宿。请圣上不必勉强。”

后来，陶弘景为了表明自己的心态，让使者给武帝送去了一幅图画。梁武帝打开一看，见纸上画有两头牛，其中一头无拘无束，逍遥自在，在水草丰美的田野上游荡；另一头虽然头戴金笼头，却被人牵着鼻子走。梁武帝看后，感慨地对百官说："陶先生真是超凡脱俗的神人啊！"从此对陶弘景愈发敬重，绝不再提做官之事。天监年间，武帝多次派人赠送黄金、朱砂等物，供陶炼丹使用，又在茅山为之建立道馆和太清玄坛。梁武帝晚年改信佛教，但对陶的宠信却一直不衰。国家每有吉凶征讨大事，无不前以咨询，月中常有数信。时人谓之"山中宰相"。

陶弘景早年仕途坎坷，后半生归隐山林，却成了朝野闻名的山中宰相。这除了政治上的原因外，也与其在学术文化上的卓越贡献有关。他是南朝道教著名学者，上清派宗师。早年曾师事孙游岳学道，广泛搜集上清经典。及至归隐后，便着手整理弘扬上清经法，编写《真诰》、《登真隐诀》、《养性延命录》等著作。这些著作详细记述了东晋以来《上清经》出世和传播的经过，上清派的各种修炼养生方术秘诀，是有关上清派历史和思想教义的重要文献。

他又撰写《真灵位业图》一书，将道教信奉的众多神灵排定座次，编成图谱，使道教的信仰体系更加完备。陶弘景在茅山数十年中，率领弟子修造道馆，开辟山林，招聚徒众，据称其弟子多达三千余人。由于他的苦心经营，使茅山成为道教上清派的中心。自陶弘景之后，上清派广泛传播于江南，后来又传至北方各地，但始终以茅山为其中心，所以上清派亦称为茅山宗。隋唐时期，上清派为道教第一大宗派。

五、寇谦之改造五斗米道

五斗米道自汉末张鲁降曹后，迁移北方。不久张鲁去世，教团的发展暂时停滞。其内部发生分化，一些祭酒道官独自传授教职，招收弟子，滥收钱物。曹魏末年，张鲁后裔发布的《大道家令戒》，劝诫道官道民尊天奉道，持身守诫，企图整顿教团组织涣散、科律废弛的现象，但是收效不大。东晋时，五斗米道在江南复兴，许多门阀贵族都信奉五斗米道。例如著名书法家王羲之的家族，就是世代信奉五斗米道的大士族。当时在江浙一带，还有钱塘士族杜子恭创立的一个五斗米道教团，信徒多达十万户，其中也有不少世家大族。杜子恭死后，其门徒孙泰继续传播道教。

东晋末年，孙泰因卷入统治集团的内争，被执政者诛杀，其侄孙恩利用五斗米道发动大规模的叛乱为孙泰报仇，聚众达数十万，被东晋大将刘裕击败。后刘裕篡夺权位，建立南朝刘宋政权。由于早期五斗米道主要传播于民间，常被农民起义利用。这种情况不符合统治阶级的利益，容易招致官方的限制和镇压，不利于道教的发展。孙恩叛乱失败后，南北朝时期一些出身上层士族的道教徒便出来改造五斗米道，欲图使道教变成能为统治阶级服务的官方宗教。寇谦之便是南北朝道教改革的重要代表人物。

寇谦之（365—448 年），原名谦，字辅真，祖籍上谷昌平（今属北京）人，后徙居冯翊万年（今陕西临潼北）。出身于门阀士族家庭，世代信奉天师道。18 岁时以张鲁所传教义修炼。后随道人成公兴在华山、嵩山修道七年，名声渐著。他为了适应北魏统治各民族的需要，乘北魏立国之初崇道抑佛的机会，出面改革道教。

北魏神瑞二年（415 年），寇自称在嵩山遇太上老君降临，告诉他说：“去年嵩山神上奏天曹，说自从天师张陵去世后，天师的职位一直空缺，地上修道之人无从师授；今有嵩山道士寇谦之，道行精深，正是天师的合适人选。我特意来授你天师之位，并赐你《云中音诵新科之诫》二十卷。责令你按照新科的意思进行宣传，整顿五斗米道，革除张陵三代天师交纳租米钱税的制度以及男女合气之术等弊端。代之以礼教制度和神仙道教的服食闭炼方术。”这一段老君降临传教的故事，当然是寇谦之自己编造的神话，他的目的是假托神意来清理整顿道教，改变原来张陵、张衡、张鲁所提倡的民间道教的内容，提出以封建礼教为主要内容，以礼拜炼丹为主要形式的新教义。

北魏泰常八年（423 年），寇谦之又假托老君玄孙李谱文降临，授给他《录图真经》六十卷，让他“辅佐北方泰平真君”。次年，寇谦之从嵩山前往北魏首都平城（今山西大同），献上《录图真经》，又通过司徒崔浩的推荐，得到北魏太武帝赏识。太武帝派使者去嵩山祀神，并迎接在山中的寇氏弟子来平城。宣布崇奉天师，显扬新法，在平城东南建大道坛，供给道士一百二十人衣食，斋肃祈请，六时礼拜，每月设数千人大法会。440 年，寇请求为太武帝祈福于嵩山，据说感通太上老君。至 442 年，太武帝亲自去天师道坛接受道教符箓，成为道教正式信徒。此后，北魏历代君主即位后，都要去道坛受符箓，成为惯例。寇谦之被太武帝尊为国师，每有军国大事，常向他询问天意。他所创的新天师道，在北魏兴盛了一百多年。直至 548 年，才被北齐文襄王罢废。从寇谦之开始，道教获得了最高统治者的承认，成为官方宗教。

经寇谦之改革后，天师道在性质上由原来带有浓厚原始巫术色彩的民间道教，变为符合儒家伦理纲常、符合士大夫贵族阶层口味的道教，成为国家支持的合法大教。与以前的旧天师道相区别，经他改革的道教被称为新天师道或北天师道。

六、陆修静与灵宝派

东晋南朝时期，在江南兴起奉持《灵宝经》的灵宝派。关于《灵宝经》的问世和传播，在道书中有许多神奇的记载。早在东汉人袁康所做的《越绝书》中已经记载了一个故事，说大禹治水时，遇见神人传授《灵宝五符》，用于制伏蛟龙水豹作怪。后来大禹将此书藏于洞庭包山（今太湖洞庭山）的洞穴中。到春秋末吴王阖闾的时候，有一个被称为龙威丈人的人得到《灵宝五符》这本书，并进献给吴王。吴王将这本书拿给所有的王公大臣看，但没有一个人能看懂，于是令使者带着这本符书去向孔子请教。这个故事在葛洪的书中也有记载。

到了东晋末年，葛洪的族孙葛巢甫根据有关神话引申附会，造出了更多标名“灵宝”的道教经书，并且编造了葛氏家族世代传授经书的谱系。《灵宝经》出世后，很快便广为流传，并以《古灵宝经》为基础，逐渐形成灵宝派。与天师道、上清派不同的是，灵宝派把元始天尊、太上大道君和太上老君同尊为天界的最高神，太上老君由原先唯我独尊的地位降到了第三。灵宝派所尊奉的这三位神仙，后来成了道教各派公认的最高神——“三清”，即玉清元始天尊、上清灵宝天尊和太清道德天尊。灵宝派假托葛玄为开派祖师，其实是由葛巢甫创始，而将其教义弘扬光大的是南朝道士陆修静，后世人把陆修静作为灵宝派的实际创始人。

陆修静（406—477 年），字元德，吴兴东迁人（今浙江吴兴人），出身士族，幼习儒书，但性喜道术，长大后弃妻舍子，入山修道，隐居云梦山，后四方云游，以搜寻道书，寻访仙踪。宋文帝元嘉三十年（453 年），文帝派人请他入宫讲道，太后王氏对陆修静十分尊敬，行门徒之礼。明帝即位后，在北郊天印山为陆修静修建了一所崇虚馆，让他在这里讲经传道。这一时期，道教经书大量出现，散乱无序、真伪难辨。陆修静到处搜访道经，编制成道教史上第一部道经目录，首创“三洞四辅十二类”的道教典籍分类法，为道教经典的编写创立了体例和原则，对后来整理和保存道教经典起了重要作用。另外，陆修静还对南朝的天师道进行了整顿和健全，被称为南天师道。

七、楼观道

楼观道是以今陕西周至县终南山下的楼观台为中心，传播于关陇地区的一个道派。据传终南山北麓的古楼观台，原是西周大夫尹喜的故宅，因尹喜在此结草为楼，观星望气，故称楼观。相传周昭王时，老子西游过函谷关，关令尹喜登楼观望，见有紫气东来，预知神人将至，乃迎接老子至其宅中，请问道教，老君因说《道德经》五千言以授之。后来尹喜又去成都青羊肆会见老君，老君赐其名号曰文始先生、无上真人，二人遂共去西方，化胡成佛。自尹喜随老君西去后，周穆王好尚黄老，追仰仙踪，乃重修楼观屋宇，为尹喜建庙立祠。后来秦汉魏晋历代帝王皆钦崇道教，修葺楼观，招纳四方幽人逸士，先后有尹轨、杜冲、彭宗、宋伦等十余辈道士相继来此修炼成仙。楼观遂成为“天下道林张本之地”。

据考证，楼观派道士从西晋到东晋，在社会上影响并不大，还未成为一个有特征和有组织的教团，直到北魏太武帝时，才正式形成一个对社会产生影响的教团。周隋之际及唐初，楼观道发展到鼎盛期。在安史之乱之前，楼观道一直受到唐王朝的支持，发展较为兴盛。安史之乱后，减趋衰落。至金哀宗天兴年间（1232—1234 年），因遭兵火破坏，楼观宫宇焚毁殆尽。元代，全真道加以修复，变为全真道观，楼观道也并入全真教而逐渐消失。

第四章

道教的鼎盛——隋唐五代

一、帝王与道教

（一）隋帝父子与道教

公元581年，杨坚废掉北周静帝宇文阐并取而代之，建立隋王朝，定国号为开皇元年。“开皇”在道教经典中的意思是一劫之始，表明又一个新纪元的到来。杨坚取此为年号，正是力图证明历史进入了新纪元，而他则像至高无上的元始天尊那样济度众生，开劫度人。当然取开皇做国号也确实与道教有关，用杨坚的话说，他之所以能取得天下是托了太上老君的洪福。

原来早在杨坚担任亳州刺史时，就曾大张旗鼓的到老子庙前祭祀。后来社会上便流传着“老子庙前古枯树，东南状如伞，圣主从此去”的童谣。更有谶语说“老子将度世”，“道教从此兴”，“太平主出亳州”，结果弄得天下鼎沸，人人都知道杨坚就是出于亳州的“太平主”。其实这些谶语都是杨坚和北周道士张宾、焦子顺所造作。张宾、焦子顺因为曾帮周武帝灭佛受到周武帝青睐。早在杨坚在亳州祭祀老子庙之前，张宾就看准了杨坚的实力，劝杨坚趁着北周气数将尽时将其取而代之。宣政元年(578 年)，周武帝驾崩后杨坚就立即起兵反周，张宾、焦子顺则公开投到杨坚麾下，为杨坚出谋划策，帮助他夺取北周政权。后来，年幼的静帝即位，任命杨坚为丞相，封隋王，总揽朝政。这时又是张宾、焦子顺劝杨坚不要以妇人之仁而放弃天下，杨坚废静帝自立，坐上了皇帝的宝座。接着，在张宾、焦子顺的帮助下，杨坚又相继灭了后梁、陈，结束了南北分立 300 年的历史，重新统一了中国。

由于杨坚取得政权得益于道士的帮助，当上皇帝以后，杨坚便在全国修复和建置老子庙，并下令在两京及诸州各置玄元皇帝庙。私告符命的道士张宾和焦子顺当然也得到了提拔重用，张宾做了华州刺史，焦子顺也被尊为天师。杨坚还特地在皇宫附近建造“五通观”供焦子顺居住，每有军国大事便和其商量。

到了晚年，文帝杨坚对道教神仙长生之说也产生了信仰。据《隋书》记载：杨坚去世那年，梦见自己想上高山但因为体力不支而上不去，臣子崔彭捧脚，李盛扶肘才爬了上去。于是对崔彭说：“死生当与尔俱。”王邵为杨坚圆梦说：“此梦大吉。上高山，说明圣上江山永固如山。彭犹彭祖，李犹李老，由二人扶持，实为长寿之征。”文帝听了，“喜见容色”。故史家称文帝“晚年深信佛道鬼神”，就是指杨坚晚年不仅“雅信佛法”，而且也深信道教。总之，文帝杨坚出于政治需要，对道教采取了利用和扶持的政策，这对道教的发展起了促进的作用，为唐代道教的迅速崛起准备了条件。

杨坚死后，其子杨广继位，是为隋炀帝。他和他父亲一样，既笃信佛教，又利用和扶持道教。当他还是太子作晋王时，就热衷于道教。开皇末年（600 年），太子杨广设置了四个道场，让佛道两家一决高低，其中道士徐则的道法让杨广钦佩不已，认为是可以利用之才，以请教道法为名，企图依靠徐则帮助他篡夺王位。除了钦慕徐则以外，杨广对当时的许多道士也非常敬重，如建安宋玉泉、会稽孔道茂等，其中最有名的是丹阳道士王远知。王远知是陶弘景的弟子，后又师事藏矜，曾被陈宣帝召见。开皇十二年（592 年），杨广先后派王子相、柳顾言具礼招迎，承候动止。即位以后，又于大业七年（611 年）遣员外郎崔凤举迎请，见于琢郡之临朔宫，亲执弟子之礼，并下令于京师置玉清玄坛供王远知居住。王远知对杨广的野心早有耳闻，本来不愿前去，但实在盛情难却，只好勉为其难。隋炀帝打算东巡扬州时，王远知认为此行不利，力图阻止炀帝东巡，但炀帝不听，使得王远知对杨广十分失望，李渊起兵时，便暗中帮助李渊。

大业年间（605—617 年），隋统治者的崇道达到了高潮。《隋书·经籍志》说："大业中，道士以术进者甚众。"据现存史料看，除王远知外，炀帝杨广还曾引用过道士薛颐、马赜、蔡天师法寿、李天师法超、道士胡隐遥等。杨广还在他的宫内建有供经像的"玄靖殿"，设有惠日、法云二道场，通真、玉真二玄坛，又造有仿照仙山琼阁的"西苑"，设置了所谓"神仙境"，这些都必然要利用道徒方士为之效力。

（二）唐代帝王与道教

道教自东汉创立后，经魏晋南北朝的发展演变，进入隋唐以后，得到统治者的高度重视和大力扶植成为"皇族宗教"。有学者认为："在唐皇朝近三百年的统治中，道教始终得到扶植和崇奉，道教的地位处于儒教和佛教之上，在三教之首。"① 在统治者的支持下，道教思想的发展进入了多向度的繁荣发展期。统治者尊崇老子、多次追加名号。道士的社会地位在唐代显著提高，人数不断增长，宫观遍布全国。道教的经典图书也日益增多。许多著名的道教学者被皇帝召请入宫，询问政事，讲道说法。

1. 尊崇老子，追加名号

唐代统治者之所以尊崇道教有其特殊的原因。其一，唐初门阀士族的传统势力还很强大，若非系出名门，就得不到社会的认同和重视；其二，李唐统治者为了提高其门第，神化其统治，乃利用道教所信奉的教主老子姓李，唐皇室也姓李的关系，尊老子为始祖，宣称自己为"神仙苗裔"，这样既可借助神权提高皇权的神圣地位，又可借此宣称李氏取代隋朝为"奉天承运"。② 据《旧唐书·高祖纪》、《混元圣纪》、《历代崇道记》等书记载：大业十三年（617 年）李渊与隋牙郎将宋老生交战于霍邑，"会霖雨积旬，馈运不给"，在即将退兵时，忽有"霍山神称奉太上老君命"告之曰："汝当来必得天下。"③ 于是李渊遂在太上老君的帮助下，"引师趋霍邑，斩宋老生，遂平霍邑"。④ 与此同时，据称老君又降于终南山，语山人李淳风曰："唐公将受天命，淳风由是归唐。"武德三年，晋州人吉善行于羊角山见一老叟，乘白马，仪形甚伟，

---

① 任继愈主编：《中国道教史》，上海：上海人民出版社，1990 年，第 245 页。

② 卿希泰主编：《中国道教》第一卷，上海：上海知识出版社，1994 年，第 31 页。

③ 杜光庭：《历代崇道记》，《中华道藏》第 45 册，第 62 页。

④ 《本纪》第一，《旧唐书》卷一，北京：中华书局，1975 年，第 3 页。

曰："为吾语唐天子，吾汝祖也，今年贼平后，子孙享国千岁。"李渊即在羊角山建老君庙祠祀其祖老子，宣称自己和老君乃一脉相承。

如果说高祖李渊是追尊老君为远祖的始作俑者，那么李唐王室最初给老君上尊号"玄元皇帝"的便是高宗李治，这开了以后玄宗李隆基屡次册封老君尊号的先河。当武氏权力日益膨胀之际，高宗李治在制令中对老君大加神化，并再次重申老君是"朕之本系"，其用意或许在于借神力以确保李唐王朝的统治。据《旧唐书·高宗本纪》记载：乾封元年（666年）二月，高宗亲自到亳州拜谒老君庙，追号曰"太上玄元皇帝"，"创造祠堂，其庙置令丞各一员，改谷阳县为真源县，县内宗姓特给复一年"。[①]

唐玄宗也多次亲到玄元皇帝庙拜谒，并不断册封老君尊号。天宝二年（743年）追尊为"大圣祖玄元皇帝"；天宝八年又尊为"圣祖大道玄元皇帝"；天宝十三年再次尊为"大圣祖高上大道金阙玄天元皇大帝"，同时并为高祖、太宗、高宗、中宗、睿宗五帝加"大圣皇帝"之字，太穆、文德、则天、和思、昭成皇后加"顺圣皇后"之字。[②] 这样，使唐代开国以来的帝、后均和"大圣祖"老子紧密地联系在一起，借以维护李唐王朝的统治。

唐武宗也是一个热烈崇道者，开成五年（840年）正月即位不久，立即下令将二月十五日玄元皇帝降生日定为降圣节，放假一天，[③] 从此正式规定了全国性纪念道教教主老君诞辰的节日。武宗还定于会昌五年（845年）重新修成毁于兵火的玄元皇帝、玄宗、

① 《本纪》第五，《旧唐书》卷五，北京：中华书局，1975年，第90页。
② 《本纪》第九，《旧唐书》卷九，第216－227页。
③ 《本纪》第一八上，《旧唐书》卷一八上，第584页。

肃宗三圣容，立于东都太微宫，派遣大臣前往致祭。①

除多次追加老子尊号，借以维护和提高李唐王朝的统治之外，唐代历朝君主还奉老子《道德经》为上经。据《资治通鉴》记载："壬寅，天后上表，以为国家圣绪出自玄元皇帝，请令王公以下皆习《老子》，每岁明经准《孝经》、《论语》策试。"《旧唐书·高宗本纪》载：上元元年十二月"壬寅，天后上意见十二条，请王公百僚皆习《老子》，每岁明经一准《孝经》、《论语》例试于有司"。② 高宗李治采纳了这一意见，于上元二年（675 年）便令士子加试《老子》，明经二条，进士三条。仪凤三年（678 年）又下诏说"自今已后，《道德经》并为上经，贡举人皆须兼通"。③

为进一步提高《道德经》的地位，唐玄宗在位期间还设立了崇玄馆，规定道举制度。以"四子真经"开科取士，并设置玄学博士。开元二十一年正月，制令士庶家均须藏《老子》一本，每岁贡举人量减《尚书》、《论语》两条策，加《老子》策。开元二十五年正月，初置玄学博士，每岁依明经举。二十九年正月，制令两京及诸州各置崇玄学，置生徒，令习《老子》、《庄子》、《列子》、《文子》，每年准明经例考试，称为"道举"。另外又"降制"，"诸色人有能明《道德经》及《庄子》、《列子》、《文子》者委所由长官访择，具以名闻，朕当亲试，别加甄奖"。④ 天宝元年二月又规定将庄子号为南华真人，文子、列子、庚桑子分别号为通玄真人、冲虚真人和洞虚真人，四子所注书改为真经。甚至规

① 《本纪》第一八上，《旧唐书》卷一八上，第 609 页。

② 《本纪》第五，《旧唐书》卷五，第 99 页。

③ 《志》第四，《旧唐书》卷二四，第 918 页。

④ 《玄元皇帝临降制》，《唐大诏令集》第一百一十三卷《政事》，北京：商务印书馆，1959 年。

定“道士通《道德经》者，给地三十亩”，以经济为导向来促进道教学术的繁荣。唐玄宗还规定以《道德经》为诸经之首，亲自为之作注，颁行天下。于开元二十一年，亲注《道德经》，二十三年又修《义疏》。

2. 兴建道观和度人入道

由于唐代统治者崇道之风盛行，自唐开国以来，道观及道教徒数量急剧膨胀。《新唐书》卷四十八《百官志三》“崇玄署”条记载：天下观一千六百八十七，道士七百七十六，女官九百八十八。[①] 此处记载全国道观 1687 座，男女道士合计仅 1764 人，平均每观才有 1.046 名道士。而据杜光庭《历代崇道记》记载，唐代从开国以来，“所造宫观约一千九百余所，度道士计一万五千余人，其亲王贵主及公顷士庶，或舍宅舍庄为观并不在其数。”[②] 有学者怀疑《新唐书》的记载而肯定杜光庭的说法，认为“他所记载的数字与唐代道教发展的实际较相符合”，“唐代道教拥有上万人的规模”。[③] 王永平先生则认为杜光庭的说法也很令人怀疑。“即使以保守数字计，有唐一代的道观数也应该在 4000 ~ 5700 余所之间或更多。姑且以唐代道观数 4000 ~ 5700 余所、每观 7 名道士计（这应该是一个较为保守的数字），那么应有道士 28000 ~ 39900 余名。”[④]

唐高祖武德九年（626 年）下诏沙汰佛、道二教，规定：“京

---

① 《志》第三八，《新唐书》卷四八，第 1249 页。

② 杜光庭：《历代崇道记》，《道藏》第 11 册，第 7 页。

③ 张泽洪：《唐代道士人数辨说》，郑州大学学报，1995 年第 6 期。

④ 王永平：《道教与唐代社会》，北京：首都师范大学出版社，2001 年，第 198 页。

城留寺三所、观二所，其余天下诸州，各留一所，余悉罢之。”①同时选择精勤练行者担任主持，国家供给衣食。虽然这个诏书颁布不久，即因发生“玄武门之变”而未及付诸实施，但唐高祖试图通过国家承认的方式，将佛道寺观纳入政府控制之下，变成国立“官道观”的做法却为以后的唐统治者所继承。

唐高宗乾封元年（666 年）正月，下令于“兖州界置紫云、仙鹤、万岁观”，天下诸州置观寺一所。②永淳二年（683 年），因改元弘道，“令天下诸州置道士观，上州三所，中州二所，下州一所”。③贞观年间曾并省天下州，定为 358 个，据此估计，唐高宗时全国正式登记在册并得到国家承认的“官道观”就已近千所。不过，道端良秀认为这些道观中有新造的，也有原来就有而被指定的，全部新建恐怕不太可能。然而，唐政府通过这两次诏令扩大了国家承认的“官道观”的数量。④

唐中宗时国立“官道观”的规模进一步扩大。神龙元年（705 年）二月制：“天下诸州各置寺观一所，咸以‘大唐中兴’为名。”三年（707 年）又“改中兴寺、观为龙兴”。⑤曾有人抨击中宗朝“崇饰观寺，用度百出”，“营立寺观，累年不绝，鸿侈繁丽，务相矜胜，大抵费常千万以上”。⑥唐睿宗虽然在位时间不长，却在长安为入道的金仙、玉真二公主营造两座豪华道观，成为轰动朝野的大事。

---

① 《本纪》第一，《旧唐书·高祖纪》卷一，北京：中华书局，1975 年，第 17 页。
② 《本纪》第五，《旧唐书·高宗纪》卷五，北京：中华书局，1975 年，第 90 页。
③ 《改元弘道大赦诏》，《全唐文》卷一三，北京：中华书局，1983 年，第 162 页。
④ 参见王永平：《道教与唐代社会》，北京：首都师范大学出版社，2002 年，第 182 页。
⑤ 《本纪》第七，《旧唐书·中宗纪》卷七，北京：中华书局，1975 年，第 137、143 页。
⑥ 《列传》第四十一，《新唐书》卷一一六，北京：中华书局，1975 年，第 4229 页。

唐玄宗开元、天宝年间，经济空前繁荣。由于统治者狂热崇道，道教也发展至极盛。随着经济实力的增强，统治者新建和增设了不少道观。开元十年（722 年）正月，玄宗下令“两京及诸州各置玄元皇帝庙一所”[①]；开元十九年五月，又下令“五岳各置老君庙”[②]；开元二十六年，又诏每州各以郭下定形胜观、寺，改以“开元”为额[③]；天宝七年（748 年）八月，两京及诸郡所有千秋观改为天长观[④]；八年，又令天下名山“置一祠宇，仙人台下置一观，两京并十道于一大郡亦益置一观，并以真符、玉芝为名”。[⑤]仅以这次置观而言，就在 200 座左右，如果加上前几次，仅玄宗朝所置道观就不会少于 1300 座。据不完全统计，唐代长安有 47 座道观，其中 12 座置于开元、天宝年间。[⑥]

关于度人入道，唐政府曾多次发布敕度诏令，如据唐李冲昭《南岳小录》载：唐太宗贞观二年（628 年），令衡岳观张天师惠朗度道士 49 人，为国焚修；[⑦] 又据刘大彬《茅山志》卷二十二载：贞观九年（635 年），又敕润州置太平观，度道士“七七（49）”人；[⑧] 唐高宗永淳二年（683 年）十二月四日因改元为宏道元年，下诏曰：“令天下诸州置道士观，上州三所，中州二所，下州一所，每观度道士七人。”[⑨] 唐玄宗是历史上著名的崇道皇帝，他在位期间大力推崇道教，曾多次下令在全国范围内普度道士，如天

① 《帝王部·尚黄老一》，《册府元龟》卷五十三，北京：中华书局，1960 年，第 589 页。
② 《本纪》第八，《旧唐书·玄宗纪》卷八，北京：中华书局，1975 年，第 197 页。
③ 《唐会要》卷五十，北京：中华书局，1955 年版，1990 年，第 879 页。
④ 《杂记》，《唐会要》卷五十，北京：中华书局，1955 年，第 880 页。
⑤ 《加天地大宝尊号大赦文》，《全唐文》卷四十，北京：中华书局，1983 年，第 432 页。
⑥ 参见王永平：《道教与唐代社会》，北京：首都师范大学出版社，2002 年，第 183 页。
⑦ （唐）李冲昭：《南岳小录》，《道藏》第 6 册，第 862 页。
⑧ （元）刘大彬：《茅山志》卷二十二，《道藏》第 5 册，第 640 页。
⑨ 《改元宏道大赦诏》，《全唐文》卷十三，北京：中华书局，1983 年，第 162 页。

宝七年，诏令："其天下有洞宫山，各置坛祠宇，每处度道士五人。……诸郡有自古得道升仙之处，……每处度道士二人。其灵迹殊尤，功应远大者，度三人，永修香火。"天宝八年（748 年），再次下令两京并十道于一大郡亦益置一观，"每观度道士七人，修持香火"。[①] 安史之乱爆发以后，唐王朝仍然努力遵循敕度道士的规定。唐肃宗临危受命，再倡兴教，至德元年（756 年），曾令"天下寺观各度七人"；次年四月，玄宗、肃宗讳日，又各度僧道"凡数百人"。大历八年（773 年）正月，敕令"天下寺观僧尼道士不满七人者，宜度满七人；三七以上者更度一人；二七以下者更度三人"。[②] 大历九年四月，"丙辰，肃宗忌日，度尼、僧、道士二百余人"。大历十三年（778 年），因新建乾元观，度道士 49 人。[③] 根据以上记载，"唐代道观数 4000～5700 余所、道士 28000～39900 余名"的估计并不夸张。

3. 提高道士社会地位、优崇道士

唐代的崇道制度还体现在不断提高道士社会地位和优崇道士上。武德八年，李渊正式颁布《先老后释诏》，"老教、孔教，此土先宗，释教后兴，宜崇客礼，令先老、后孔，末后释"，明确规定道教在佛教之上，制定了有唐一代奉道教为皇家宗教的崇道政策。[④] 李世民为使"尊祖之风，贻诸万叶"，遂于贞观十一年（637 年）继李渊之后再次下诏，规定道士、女冠在僧尼之上。宣称：

---

① 《帝王部·尚黄老二》，《册府元龟》卷五十四，北京：中华书局，1960 年，第 603 页。

② 《帝王部·崇释氏二》，《册府元龟》卷五十二，北京：中华书局，1960 年，第 577－578 页。

③ 《帝王部·尚黄老二》，《册府元龟》卷五十四，北京：中华书局，1960 年，第 606 页。

④ 参见卿希泰主编：《中国道教》第一卷，上海：上海知识出版社，1994 年，第 32 页。

"大道之行，肇于遂古，源出无名之始，事高有外之形，迈两仪而运行，包万物而亭育，故能兴邦致泰，反朴还淳。至如佛法之兴，基于西域，爰自东汉，方被中华。神变之理多方，报应之缘匪一。洎乎近世，崇信滋深。遂使殊方之典，郁为众妙之先，诸华之教，翻居一乘之后。流连忘返，于兹累代。朕夙夜寅畏，缅惟至道，思革前弊，纳诸轨物。况朕之本系，起自柱下，鼎祚克昌，既凭上德之庆；天下大定，亦赖无为之功。宜有改张，阐兹玄化。自今已后，斋供行玄法。至于称谓，道士女冠可在僧尼之前，庶敦本之俗，畅于九天；尊祖之风，贻诸万叶。"① 这个诏书显然是崇道抑佛的命令。

仪凤四年（679 年），高宗李治令道士隶宗正寺，班在诸王之次。这是一条最能体现唐代崇道方针的措施。唐初，僧、尼、道士、女冠，都归鸿胪寺管理，鸿胪寺是掌管"宾客及凶仪之事"的机构，② 这显然是与唐皇室宗崇道教的政治态度极不相适应。所以就在仪凤四年下敕，令："道士自今宜隶宗正寺，班在诸王之次。"唐代的宗正寺是管理皇室宗族事务的机构，将道士归它管理，即视男女道士为自己的本家。其用意当然是想通过抬高道士的地位，进一步神化李唐皇室，巩固其封建统治。高宗还对王远知的弟子潘师正甚为崇敬，不仅亲切诏问"山中又何所须"，还在他隐居的嵩山逍遥谷造崇唐观一所，岭上别起精思观以处之。③ 又在谷口特为之开一门，号游仙门，与苑北置寻真门。时太常奏新

① 《道士女冠在僧尼之上诏》，《唐大诏令集》第一百一十三卷《政事》，北京：商务印书馆，1959 年。

② 《百官志三》，《新唐书》卷四十八，北京：中华书局，1975 年，第 1254 页。

③ 《列传》第一四二，《旧唐书》卷一九二，北京：中华书局，1975 年，第 5126 页。

造乐曲，高宗又令以《祈仙》、《祷仙》、《翘仙》为名。前后赠诗凡数十首。其对道士的恩宠之隆，可见一斑。

开元二十五年（737 年）七月，唐玄宗李隆基再次下令重申："道士女冠隶宗正寺，僧尼令祠部检校。"[①] 从而极大地提高了道士、女冠的政治地位和社会地位。并规定，凡道士女冠有犯法者，须按道格处分，州县官吏一律不得擅自处罚，违者处罪，借以维护道教的尊严。另外，唐玄宗还经常召见道士，拜官赐物，甚至亲受法箓，以道士为师。玄宗曾两次遣使征召道士张果至京，使其"肩舆入宫中"恩礼甚厚，又授予银青光禄大夫，赐号"通玄先生"，甚至还想将公主嫁与张果为妻。[②] 玄宗还任命道士尹愔为谏议大夫、集贤学士兼知史馆事，领修国史之任。在他征召的道士中尤以茅山宗为多，且先后接受茅山派宗师司马承祯、李含光的法箓。司马承祯与当时文人士大夫往来密切，他曾劝玄宗于五岳各置真君祠一所，将传统的山岳崇拜正式纳入道教系统；他还发挥自己善篆书的特长，刊正《道德经》文句，定著五千三百八十言为真本，以三体书写奏上，对唐玄宗时尊老崇道高潮的掀起产生了影响。所以司马承祯备受玄宗礼待，他被特令于靠近两京的王屋山修道，以备随时应诏，死后又被追赠银青光禄大夫，谥号贞一先生。[③] 李含光与唐玄宗保持了更为密切的私人关系，仅在《全唐文》中保留下来唐玄宗与李含光往还的诏敕、批答就多达 22 件之多。[④] 由于唐玄宗的崇道，当时一些公主嫔妃，

---

① 《本纪》第九，《旧唐书》卷九，第 207 页。

② 《方伎·张果传》，《旧唐书》卷一九一，第 5106 页。

③ 《隐逸司马承祯传》，《旧唐书》卷一九二，第 5127 页。

④ 《全唐文》卷三十六、卷四十一，北京：中华书局，1983 年。

多有入道为女真者，杨贵妃也被度为太真宫女道士。朝臣中如宰相李林甫等，皆请宅舍为观，太子宾客贺知章为道士，诗人李白也加入了道教。

4. 追求、崇拜神仙方术

崇道是唐代统治者政治与思想的特点之一，他们崇道一方面以兴唐为目的，崇拜的是道家治国思想；另一方面则出于追求长生不老之药等神仙方术为目的。故大多早期扶植道教、利用道教取得巨大政治成就，而晚年则沉湎于道教方术不能自拔，导致晚节不保、国家由盛转衰。这也“充分暴露出道教对社会积极与消极两方面的影响”。[①]

以唐玄宗为例。唐玄宗统治的近半个世纪中，道教色彩日益浓厚。史称：“玄宗御极多年，尚长生轻举之术，于大同殿立真仙之像，每中夜夙兴，焚香顶礼。天下名山，令道士、中官合炼醮祭，相继于路。投龙奠玉，造精舍、采药饵，真诀仙踪，滋于岁月。”[②] 在他的带动和影响之下，投机钻营者纷至沓来，屡献“祥瑞”，争言老子“显灵”，一时间“所在争言符瑞，群臣表贺无虚月”。[③] 在这种情况下，唐玄宗逐渐失却了昔日的锐气，转而沉湎于道教方术，俨然以道士皇帝自居，他在宫中设道坛，“自草玄素”祈祷，又向道士们学习隐形仙术。[④] 将朝政完全抛诸脑后。当一场酝酿已久的叛乱爆发时，唐玄宗还醉心于道术，编造玄元皇

---

① 王永平：《道教与唐代社会》，北京：首都师范大学出版社，2002 年，第 75 页。

② 《礼仪志四》，《旧唐书》卷二十四，北京：中华书局，1975 年，第 934 页。

③ 《资治通鉴》卷二百一十六，北京：中华书局，1956 年，第 6900 页。

④ 《帝王部 · 尚黄老二》，《册府元龟》卷五十四，北京：中华书局，1960 年。

帝显灵，“示收禄山之兆”的神话，并且赶紧修筑兴唐观、福唐观，亲自拜谒祈祷，乞求老子在冥冥之中“兴唐”、“福唐”。[①] 后来，他被迫退位为太上皇，从流亡地返回收复后的京城，还“为金灶，煮炼石英”，在“服药物”中自隐韬略，消磨残生，直到凄凉死去。另外唐后期唐宪宗、唐穆宗、唐武宗等晚年也均因迷恋于道教丹术而荒于政务，且终因服食丹药而死。

二、学者与道教

1. 成玄英与李荣的重玄之道

初唐时期的著名道士成玄英，字子实，陕州（今河南陕县）人，生卒年不详。唐太宗李世民曾召他到京师长安；唐高宗时不知何故得罪了皇帝，被流放到今天的江苏省连云港一带。他的著作很多，传世的著作是《老子注》、《庄子疏》。成玄英《老子》注疏已散佚，散见于强思齐《道德真经玄德纂疏》和顾欢《道德真经注疏》。现有成玄英老子注疏的三个辑校本：蒙文通《老子成玄英疏》6 卷；严灵峰《道德经开题序诀义疏》5 卷；日人藤原高男《辑校赞道德经义疏》。其中蒙本成书最早，严本次之，藤原本晚出，并对蒙、严二辑校本有指正辩难。另外，成玄英曾对灵宝派经典《度人经》作注，收入宋人陈景元《元始无量度人上品妙经四注》。

成玄英以道教的宗教观点注释《老子》和《庄子》，他的重点

---

① 杜光庭：《历代崇道记》，《道藏》第 11 册。

在阐发所谓“重玄之道”。“重玄之道”本于《老子》所说的“玄之又玄”一语。成玄英对老子的“玄”是顺其精蕴加以阐释的，不同者在于老子是肯定式思维，肯定了有与无，而成玄英则受佛教中道观影响，持否定式思维，通过对有无的否定来解释“玄”。这与道教的传统是不同的。这样解释“玄”对唐、五代道教老学影响较大。在一部分道教徒看来，《老子》所说的“玄之又玄”即“重玄之道”，是求道成仙的要诀，是《老子》论“道”的精义所在。

成玄英的思想充满了哲学的意蕴、思想的气息。他从本体论高度出发，分析了“道”、“有无”、“动静”、“本迹”、“三一”等范畴，但最终落脚点还是在修道，以解决人的生命问题、人生的价值问题。他的人生哲学中有两条主线，一条是对生死的参悟，一条是从心性这一内在途径实现人生价值。

关于生死他认为传统神仙长生思想执著于“身”，不知身是空幻，故终入于死地；真理在于忘身相，否定“身”，即身而无身，才能入于不死之地。所以他所谓久视长生实际上指超越生死，不生不死。

成玄英讲心性首先是强调“真性”，向真性复归。他认为道性的关键是“真”，这是真理意义上的至真，复归性命就是复归“真性”，而非矫伪之性。真性为人的自然之性，如镜之反映外物出于“天然”一样，只有否定了“矫性”，才能得到“无穷”。

成玄英认为复归真性的方法在于修心，换言之，心的空虚闲放是复归真性的正道。所以他讲心神寂凝，不为尘俗所动，就能复于真性惠命。《中庸》讲：“率性之谓道。”成玄英也主张“率性合道，不复师天”，认为：“有心仿效造化而与物俱往者，此不率其本性也，奚足以为修其事业乎？”、“大块造物，率性而动。若有心师学，则乖于自然。”其复归真性的终极目的是“率性合道”，而道的本性自然无为，合道也就是要冥会道的这一本性，即他所谓的真性和道性同一，真性就是道性。成玄英的心性论融合了儒释道三教的思想成分，正因为如此，使他的心性论较成系统，具有思辨性，对当时及后世都有一定影响。

成玄英的重玄之道内容丰富，包罗宇宙论、人生论、道德论、人性论、政治论等，但其核心点还是人的生命问题。他的思想体系主要是融合老庄哲学和佛教中观哲学的结构而成，同时也受到儒家思想的影响，在当时道教中独树一帜，别具一格，最有思辨性和理论性。他的重玄思想为李荣继承并进一步延伸。

李荣是当时著名的重玄学大师，号任真子，四川绵阳人，主要著作有《老子注》和《西升经注》。据一些材料来看，他少时即慕神仙，学道炼丹，经刻苦修炼，成为蜀中道教界名流。在他的名声日著之后，曾受到高宗李治征召。卢照邻以诗相赠，高度赞扬了他的道术与文采，恭贺他“应诏佐明君”。

进京以后，李荣活动于长安和洛阳两地，主要是作为道教方面的代表与佛教辩难，在论辩中成为“老宗魁首”。李荣颇富文人气质，有诗才，性格诙谐，好与人争辩。《大唐新语》卷十三记载：当时京城里，僧、道经常争辩二教优劣，相互排斥。总章年间（668—670年）中兴善寺遭到火灾，尊像荡尽。东明观道士李荣作诗一首：“道善何曾善，云兴遂不兴。如来烧亦尽，唯有一群僧。”《太平广记》卷二四八记载：唐代有一个叫法轨的僧人，形容短小，在寺院开讲，李荣前往辩论，往复数番。僧法轨用李荣旧作诗咏荣，在高座上诵之云：“姓李应须李，言荣又不荣。”还没来得及说下句，李荣应声接道："身长三尺半，头毛犹未生。"众人都被李荣敏捷的反应、精彩的辩论所折服。李荣还常与儒学博士一起讲论，为时人所称道。

李荣的重玄思想，受到佛教中观学特别是初唐盛行的佛教三论宗的影响。所以他的重玄思想同成玄英一样，运用中观方法论证，而中观正是三论的核心所在。在《老子注》里李荣阐述了他的重玄思想。李荣认为，作为宇宙万物本源的"道"是虚寂，它超越时空，超越现象界，无形无象，妙体不变，真际不动，不可言说，不可认知。这个"道"既不能说它是"有"，也不能说它是"无"，应该说"非有非无之真，极玄极奥之道"，这才是"道"的生成性和实现性。李荣以"非有非无"、"有无双遣"的中道观来显现"道"，体现了重玄派解老的特色。

总之，成玄英、李荣作为唐代重玄派的代表人物，他们的思想在当时道教中最富于义理性和思辨性，这与他们善于继承老庄哲学和消化吸收佛教中观思想是分不开的。他们的《老子注》有两大共同特征：一为援《庄》入老，一为援佛入老。通过对佛与老庄的巧妙结合，发展了道教的教理教义，对后来道教思想的演变产生了深远的影响。

2. 司马承祯与吴筠的修仙思想

司马承祯（646—735 年），字子微。河内温（今河南温县）人。他是南朝著名道士陶弘景的四传弟子（陶传王远知，王传潘师正，潘传司马承祯）。司马承祯著作较多，最能反映其道教思想的代表作为《坐忘论》和《天隐子》。

司马承祯的道教思想，吸收了儒家的正心诚意和佛教的止观、禅定学说，以老庄思想为本，融合而成道教的修道成仙理论。他认为人的天赋中就有神仙的素质，只要“遂我自然”、“修我虚气”，就能修道成仙。他将修仙的过程分为“五渐门”，即斋戒（浴身洁心）、安处（深居静室）、存想（收心复性）、坐忘（遗形忘我）、神解（万法通神），称“神仙之道，五归一门”。将修道分为“七阶次”，即敬信、断缘、收心、简事、真观、泰定、得道。此“五渐门”、“七阶次”，他认为又可以概括为“简缘”、“无欲”、“静心”三戒。他认为只需勤修“三戒”，就能达到“与道冥一，万虑皆遗”的仙真境界。

司马承祯认为得道之人心有“五时”，身有“七候”。所谓五时指：①动多静少；②动静相半；③静多动少；④无事则静，事触还动；⑤心与道合，触而不动。心到达这一境界，“始得安乐，罪垢灭尽，无复烦恼”。所谓七候指：①举动顺时，容色和悦；②夙疾普消，身心轻爽；③填补夭伤，还元复命；④延数千岁，名曰仙人；⑤炼形为气，名曰真人；⑥炼气成神，名曰神人；⑦炼神合道，名曰至人。他认为凡无此五时七候者，都算不上得道。作者是要修道之人无物无我，一念不生，内不觉其一身，外不知其宇宙，与道冥一，万虑皆遗，获得长生久视之道。

司马承祯的修仙理论给后世道教以极大影响，特别是在道教由外丹转向内丹，由外向内寻求成仙之道的过程中起了重要的理论作用，成为宋元道教内丹学的理论先驱，并给宋明理学以一定影响。

与司马承祯差不多同时的另一著名道教学者吴筠，也为潘师正弟子，在道教思想发展史上有一定的贡献。吴筠，字贞节，华州华阴（今属陕西）人。少为儒生，举进士落第后，入嵩山从潘师正为道士，修习上清经法，苦心钻研，尽通其术。长于诗文，开元年间，访道于茅山、天台山，游金陵，与当时大诗人李白等唱和。其道学论著，主要有《玄纲论》和《神仙可学论》。

吴筠认为完整的生命是由肉体和精神共同构成的统一体。性命合道才能实现精神超脱和生命永恒。神仙是否可学，在道教史上曾引起了长期争论，吴筠的《神仙可学论》正是这种争论的总结。吴筠从理论上对这一争论所做的总结和定论，为积学成仙理论提供了极大的可信度，扭转了早期道教外炼金丹追求长生的方法，而转向以修人体内的精、气、神为内容的路向。

早期道教的金丹术追求炼铸金刚不坏身，经实践验证逐渐失去了人心。隋唐以来的道教把精、气、神作为人体的三宝，视其为内炼之大药。吴筠认为人体内部有挖掘不尽的潜力，而死亡是生命的静止，超脱死亡就必须使肉体运行不止，因此要以内炼为主，使精、气、神处于永恒的运动之中，这样形体才能永存。在《神仙可学论》中，吴筠提出“远于仙道者”有七，“近于仙道者”亦有七，因此要采取“取此七近，放彼七远”，才能成为“表里兼济，形神俱超”的神仙。

吴筠的道教理论体系代表了唐代道教主流即上清派的理论水平，并预示着道教修行重心的转移，即由魏晋南北朝的形神双修转向更为精深的性命双修，为内丹道的形成奠定了基石，成为宋元道教内丹学的理论先驱。因此吴筠的道教哲学是道教由重玄道向内丹道转变中不可忽视的重要环节。

3. 道门领袖杜光庭

杜光庭（850—933 年），字圣宾（又作宾圣），号东瀛子。处州缙云人（又云长安人、京兆杜陵人），唐末五代时期著名的“道门领袖”，博学善属文，一生著述甚丰，时人盛赞其为“词林万叶，学海千寻，扶宗立教，天下第一”。据统计，保存到今天的杜光庭著作共有三十多种。《道藏》收入了他的二十八种著作，二百多卷。《全唐文》收有他的文章 302 篇，《全唐诗》收有他三十余首诗文。[①] 历来学者谓之著作等身，绝不为过。杜光庭的著述内容广泛，有斋醮科仪、经诰注疏、诗文道论、仙传及仙道笔记、史地图谱，还有医药养生等。

杜光庭少年时就博通经史，志趣超迈，工于辞章翰墨，一心想通过考取功名来实现自己的远大抱负，可惜时运不佳。唐懿宗咸通年间，他几次赴京参加考试都名落孙山。为此，杜光庭一气之下弃绝功名，上天台山拜上清派茅山宗第七代宗师应夷节为师，成为司马承祯的第五传弟子。

乾符元年（874 年），唐僖宗即位。第二年，黄巢领导的农民大起义爆发。唐僖宗急于挽救唐王朝的颓势，于是求助于圣祖老子，崇奉道教，多次下诏赐封道士。礼部尚书集贤殿大学士郑畋向朝廷推荐了杜光庭的文章，唐僖宗读后非常欣赏，乃召见了杜光庭。两人相见，言谈甚欢。唐僖宗因此而封杜光庭为“道门领袖”，并赐予他“麟德殿文章应制”的官职。

前蜀高祖王建，原受唐封为西平王，晋爵蜀王，梁灭唐以后，

① 详见孙亦平：《杜光庭思想与唐宋道教的转型》，南京：南京大学出版社，2004 年，第 4 – 20 页。

称帝于成都，国号大蜀。杜光庭入蜀以后也得到王建的特别礼遇，为太子元膺之师。《十国春秋》卷三十六《前蜀二·本纪》载：永平三年（913 年）“六月丙子，以道士杜光庭为金紫光禄大夫，封蔡国公，进号广成先生”。通正元年（916 年）十二月戊申，“以广成先生杜光庭为户部侍郎”。连续封官晋爵，可见王建对杜光庭的信任和重用。王建曾得意地说：“昔汉有四皓，不如吾一先生足矣。”[①] 杜光庭作为蜀国主要的政治参谋，虽为青城山道士，实则位极人臣，故人称“山中宰相”。在王建统治时期，杜光庭弘扬道教的“经国理身”思想，积极辅佐徐宰相，使蜀地经济开始发展，社会相对稳定，文化逐渐繁荣，百姓生活得到改善，从而在前蜀的政治事务中发挥了一定的作用。

王建死后，其子王衍继位，生活极端奢靡腐化，搞得蜀国政治一片黑暗，百姓怨声载道。杜光庭看到王衍的花天酒地与荒淫无度所造成的前蜀政治的黑暗，不愿与之同流合污，以年老为由请退，隐居于青城山白云溪，以修身养性。长兴四年（933 年），杜光庭自觉大限不远，叫道士帮他穿戴好，端坐在老君像前，不久，便闻满室异香，经久不散。众人看他面色依旧红润，肢体柔软如常，像是睡着一般。杜光庭死后葬于清都观，后人都说他不是死，是“尸解”成仙去了。

杜光庭一生著述颇丰，只是在蜀地就著有《广成集》、《王氏神仙传》、《洞天福地岳渎名山记》、《历代崇道记》、《墉城集仙录》、《道教灵验记》、《道德真经广圣义》、《录异记》、《神仙感遇传》、《毛仙翁赠行诗》、《青城山记》、《续成都记》等 12 部著作

① 《唐文拾遗》卷四十二，《全唐文》第 11 册，北京：中华书局，1983 年，第 10851 页。

和《题仙居观》、《题鸿都观》、《题都庆观》、《题鹤鸣山》、《题北平沼》、《题平盖沼》、《题本竹观》、《题福唐观二首》、《题莫公台》、《读书台》、《题剑门》、《题龙鸽山》、《景福中作》等诗词，除此之外，还有一些书序、碑记等。[①] 隐居青城山期间，杜光庭利用搜集到的三千多卷道经，编成了《三洞藏》[②]。在整理道经的过程中，杜光庭还撰集修订道教的斋醮科仪，以将各道派的斋醮科仪统一起来。据初步统计，杜光庭一生撰集修订的斋醮科仪仅《道藏》中就保留了十多种，近二百卷[③]。其中《太上黄箓斋仪》五十八卷始编于长安，完成于四川成都，前后花费了二十多年的时间，可见他一生对斋醮科仪的倾心和用力的程度。后人整理成的《道门科范大全集》八十七卷是道教斋醮科仪的总集，收集了斋醮科仪四十种，其中有许多卷就题为“广成先生杜光庭删定”。同时，杜光庭还以陆修静所编斋法为基础，会通上清经箓与正一法箓，将道教斋醮科仪的程式——表奏、词章、疏启、颂赞、咒语、发愿文等规范化、艺术化，使修道者有法可依，有章可循，并在宗教仪式的过程中得到一定的艺术熏陶。“广成斋仪成为道教斋醮法坛的范本，被视为科书的经典之作”[④]，杜光庭对斋醮科仪的整理使“天下羽属永远受其赐”[⑤]。因此，“杜光庭是道教斋醮仪式的集大成者，也可以说是完成者，他所制定的道门科范，道教至今依然沿用”。[⑥]

---

① 参见王瑛：《杜光庭蜀中著述考略》，《成都大学学报》（社科版），1993 年第 3 期。
② 陈国符：《道藏源流考》（上），北京：中华书局，1963 年，第 128 页。
③ 转引自孙亦平：《论杜光庭对蜀地道教的贡献》，《宗教学研究》，2004 年第 2 期。
④ 张泽洪：《道教斋醮符咒仪式》，成都：巴蜀书社，1999 年，第 42 页。
⑤ 《历代真仙体道通鉴》卷四十，《道藏》第 5 册，第 330 页。
⑥ 李养正：《道教概说》，北京：中华书局，1989 年，第 129 页。

4. 道士医学家孙思邈

孙思邈（581—682 年），京兆华原（今陕西耀县孙家源村）人，唐代道士和道教学者，著名医药学家，擅长阴阳推步，尤其精于医学。据说他七岁开始读书，少年时即对《老子》、《庄子》有较为深刻的理解，对佛教经典也有兴趣。洛州总管独孤信见过他后，对他的才学十分赏识，称赞说："真是圣童啊，今后必能干成大事。"

北周宣帝时，孙思邈看到时局不稳，便到太白山一带隐居。在这期间，他除了为人治病，就是深入学习道教经典《老子》和《庄子》，并认真作注释。传说有一天孙思邈上山采集草药，看到山上有一条被人打伤的小白蛇，觉得很可怜，当即脱下衣服将小白蛇带回家中悉心治疗，很快小白蛇就恢复了健康。孙思邈就将它带到山上放生。临走时，小白蛇抬起头来朝他连点了三次头才恋恋不舍地离开了。几天后孙思邈上山，遇到一位风度翩翩的白衣少年，恭恭敬敬地向他揖首问候，并请他到家中做客。孙思邈随着他很快就到了一条河边。少年见孙思邈不解，说："在下是泾阳水府龙王之子，就是先生不久前在山上相救的小白蛇。父王听说先生的大恩，特请先生到府中一叙，以表感激之情。"孙思邈在龙宫中受到了盛情款待，龙王对这位龙子的救命恩人非常感激，又是宴请，又是送珠宝，但都被孙思邈婉言谢绝。因为他是修道之人，除了修炼和医道，对其他的东西都不感兴趣。龙王见此，对孙思邈愈发敬重，临走前从柜子中取出珍藏了几代的三十多贴龙宫秘方相送，孙思邈见了，如获至宝。

回家后孙思邈按龙王的处方给患者治病，个个灵验。后来他将搜集来的龙宫药方和民间偏方进行整理，并结合自己的医学实践，写了《备要千金要方》共30卷232门，以及其他医药养生方面的著作。这些著作对于后来医药学特别是方剂学的发展，有着重要的影响和贡献，孙思邈因此被后人称为“药王”。

白云观药王孙思邈雕像

杨坚在北周宣帝时期任宰相时曾请孙思邈出山担任国子博士，被孙思邈婉言谢绝，他对周围的人说：“50年后当有圣人出，那时我自然会出山，救济天下百姓。”果然，50年后唐太宗李世民即位。贞观元年（627年）太宗将孙思邈请到长安向他请教炼丹以及长生之术。孙思邈对唐太宗说：“想炼丹之人一般都抱有两个目的：要么是为名利，要么是想长寿。不过炼丹并不是一件容易的事情，能达到目的人更是微乎其微。我是久居山野之人，我炼丹的目的并不是为了成为超凡脱俗的神仙，我炼丹的目的，完全是为了治病救人，所以我的丹药的主要功效就是养魂魄、理腰膝、镇心解热，为人们解除疾病的折磨以尽天年。至于起死回生、延年益寿的神功，并不是那么简单的事情。”

唐太宗听后十分感慨，要留他在宫中为官，孙思邈执意不肯。临别前唐太宗作《赐真人孙思邈颂》称赞他：“凿开径路，名魁大医。羽翼三圣，调理四时。降龙伏虎，拯衰救危。巍巍堂堂，百代之师。”

回山以后，孙思邈继续修炼，济世救危，并结合自己的实践撰写医学著作。晚年所著《千金翼方》对原来的《千金要方》作了全面的补充，这两本书被后人统称为《千金方》，是继张仲景的《伤寒杂病论》之后对我国医药学的又一次大总结，具有继往开来的意义。

三、民众与道教

1. 八仙的传说

白云观八仙雕像之一

白云观八仙雕像之二

八仙的故事在中国流传久远，影响广大，在古典文学、戏曲、绘画、雕塑作品中，都有八仙的形象。现在所说的八仙，是指张果老、韩湘子、蓝采和、何仙姑、铁拐李、钟离权、吕洞宾、曹国舅八位神仙。但八仙信仰并不是一开始就有的，而是在道教传播过程中，经过民间传说、文学创作的改造，把历史上一些互不相干的神仙拼凑在一起，从而逐渐形成八仙集团。

铁拐李在民间传说中为八仙之首，据传是太上老君的亲传弟子，原名李凝阳，大概是唐玄宗至唐代宗时代的人，生得本来很魁梧，是个仪表堂堂的美男子。虽然善于修炼之术，但还未得到真道，便跟随老子和宛丘先生学道，隐居在砀山的岩穴之间。由于他修炼认真，一日老子约他一起去游华山。他便把肉身留在洞中，元神出壳。临行前叮嘱一位新来的徒弟说："如果七天我的元神还不回来，你就把我的肉身焚化。"为什么要焚化呢？原来道教认为人的魂藏在肝里，魄藏在肺里，元神出游时魂要跟着，魄却留下看守肉身。过七天元神不返，肉身就要腐败，所以要烧掉。

李凝阳走后，弟子认认真真地守着他的肉身，不敢有一点马虎。但是无巧不成书，到了第六天，徒弟的哥哥跑来说母亲病危想见他一面，让他赶快回家尽孝道。这徒弟是个孝顺的孩子，他听说母亲病危心急如焚，但又不得不恪守师命，便又坚持一夜。到了第七天，也不知道师父还回不回来。一直等到晌午徒弟实在等不及，怕再不走就连母亲的最后一面也见不着了，便匆匆忙忙烧了师父的肉身，跑回家去看望母亲了。到了傍晚，李凝阳才赶回洞府，出来进去找了半天也没找见自己的肉身。没有肉身可附，他焦急万分，突然发现路旁有一个乞丐饿倒在地，立刻从其面门而入。站起来以后，才发现不对劲，忙从葫芦里倒出老子所赐的仙丹，葫芦中忽然闪出一道金光，隐约现出一个蓬头垢面，卷须巨眼，跛了一只右脚的丑陋汉子，李凝阳惊讶万分。

他正惊讶之间，只听背后有人拍手道："草脊茅檐，窗毁柱折，此室陋甚，何堪寄寓。"李凝阳回头一看，原来是师父老子。他急忙想把元魄跳出，老子又制止住他道："真道应该在表相之外求得，不可只看相貌。只要你功行圆满，便是异相真仙。"这一番说教使李凝阳死心塌地地不想换肉身了，老子便给他一只金箍束住乱发，又给他一根铁杖拄着瘸腿。从此，李凝阳手拄铁拐，身背药葫芦，一瘸一拐地为人治病行善。后来，关于他的传说也越来越多，人们都叫他"铁拐李"或者"李铁拐"。

传说钟离权是唐末五代时后汉王朝的一位将军，他的父亲是位将军，哥哥钟离简，官拜郎中，显赫一时。据说钟离权是上古黄神托生，顶圆额广，耳厚眉长，目深鼻挺，乳远臂长，生就一副异人相。朝廷见他身材英武，召任为大将军。当时，天下未定，战乱频繁。钟将军奉旨西征吐蕃失利，只身逃往山中，迷失了方向。他在茫茫黑夜中东闯西荡，不知不觉走入一片密林。遇见了一位身着草衣，蓬头垢面的胡僧。胡僧带着钟将军走了几里路之后，指着前面一个村庄说：“那是东华先生成道的地方，将军可以在那儿休息。”说完就走了。

钟离权走到村庄前，害怕惊动庄里的人家，就倚着篱笆打盹。过了一会儿传来窸窸窣窣的脚步声，只听一个人说道：“这又是那个绿眼珠的胡人多嘴多舌。”话音刚落，钟离权就发现眼前站着一位身着鹿皮衣，拄着青黎杖的老人。老人问他：“这位先生莫非就是大将军钟离权？夜深露重，何不到寒舍稍事休息？”钟离权见眼前的老者一派仙风道骨，知道自己遇见高人了，刚刚从死人堆中爬出的他惊魂未定一心只想隐逸山林，忙上前叩拜在地，向老人讨问度世之方。老人传授给他长生真诀、金丹火候及青龙剑法等道术。他一一牢记在心。这时东方渐白，钟离权告辞出门，走了几步回头一看，四周茫茫，刚才的村庄不知什么时候消失了。

他四处游历，东游泰山时遇上华阳真人，学到了太乙刀圭，火符内丹，后来又遇到王玄甫得到长生秘诀。以后又游云水、崆峒，终于在紫金四皓峰得到玉匣秘诀，最后修道成真，道号“正阳子”。元代时，王重阳创立全真教，奉钟离权为正阳祖师，位列北五祖之二。

张果老本名张果，张果的事迹最早见于《旧唐书》。相传他是唐代邢州人，家乡在今天的广宗县张固（果）寨。邢台西部有一座仙翁山，俗称张果老山。张果因得到宛丘、铁拐李诸仙道法，获得长生秘术，隐居恒州中条山，往来汾晋间，唐武则天时已数百岁。武则天曾遣使召见他，张果佯死不见，后人见他仍然住在恒州山中。好神仙的唐玄宗也数次召见他，求长生不老之法。待见到张果时，却见此人老态龙钟，顿生疑惑，问到：“先生是得道之人，为何发疏齿落，老态龙钟？”张果说：“贫道大器晚成，齿落发稀时才得道。陛下若看着不顺眼，我干脆把它们全去掉得了。”说罢便在殿前拔去鬓发，击落牙齿，搞得满口是血，玄宗有点害怕，忙叫人扶张果去休息。过了一会儿张果回到殿上，已经容颜一新，满头黑发，一口整齐的白牙，胜似壮年，把玄宗都看呆了。

一次，玄宗在咸阳狩猎捕获了一只大鹿，这只鹿与平常的鹿有点不一样。厨师正要杀鹿，张果看见了，赶忙阻止说；“这只仙鹿已有一千多岁了。汉武帝在上林苑捉住了它，又把它放生了，当时我就在身边。”

唐玄宗说：“天下的鹿多的是，你怎么知道这只鹿就是汉武帝从前捕获的那头呢?”张果说：“汉武帝放生时，曾用铜牌在它的左角下做了标志。”玄宗命人查验，果然有一个两寸大小的铜牌，只是字迹模糊不清了。玄宗又追问：“自汉武帝狩猎至今过了多少年了?”张果说：“距今已有852年。”玄宗命史官核对，果然准确无误。

玄宗每次问起张果神仙之事，他总是缄默无言，什么也不肯说。玄宗于是向道士叶法善询问张果的来历，叶法善回答说，“臣知道，但说出来必死，若皇上能脱冠赤脚救我，臣才敢说。”玄宗答应了。

叶法善低声说：“他本是混沌初开时的白蝙蝠精。”话音未落便七窍出血而死。玄宗大惊，忙脱鞋去帽向张果求情。张果说：“这小子多嘴多舌，如果不受点惩罚。将来恐怕会泄漏天机。”说完用水喷到他脸上，叶法善又复活了。玄宗对张果更加尊崇，敬若神灵，封他为“银青光禄大夫”。

张果常跟玄宗说：“我生在尧时，官居侍中。”但他看上去只有七十多岁。当时有一个叫邢和璞的，能预知人的寿数，还有一个叫师夜光的，能看见鬼。玄宗于是叫邢和璞推算张果的生死期限，邢和璞算来算去，始终无法确定。玄宗又趁张果和自己闲聊之时，叫师夜光察看。师夜光眼前一片空白，根本看不见张果在哪儿。玄宗听说喝堇菜汁不觉得苦的人一定是神仙，于是派人把堇菜汁当酒送到张果府上。张果喝完之后，摇摇头说：“这酒的滋味可不怎么样。”

元任仁发《张果见明皇图》

民间还把张果尊为说唱道情的祖师爷。传说，唐玄宗一心想把玉真公主下嫁给张果，但张果谢绝了，他敲打着渔鼓、简板唱道：“娶妇得公主，平地升公府。人以为可喜，我以为可畏。”张果恳请还山以后，云游四方，敲打着渔鼓、简板唱道情，劝化世人。传说他出行时常倒骑一头白驴，怀抱道情用的渔鼓、简板，日行千里，到了之后，将白驴像纸一样折叠起来放在箱子里，需要骑的时候拿出来用水一喷就可以了。张果的神话在民间广为流传。

由于他看上去像七十老翁，因此被人称作张果老。后来，又把他列入八仙之一。

吕洞宾，姓吕名岩，字洞宾。浦州永乐人，生于唐贞元十四年（796 年）四月十四日，所以又叫纯阳子。据说母亲生他时，屋里异香扑鼻，空中仙乐阵阵。一只白鹤自天而降，飞入帐中，吕岩出生以后就气宇不凡。

吕岩饱读诗书，但是仕途却极不顺利。他曾二度应试，仍未中榜。令他沮丧万分。于是来到一家酒店喝闷酒。这时钟离权正巧也来到酒店。两人相对而坐，对饮数杯之后，就成了无话不谈的朋友。

钟离权有意点化他，便亲自下厨做饭，吕洞宾因连日应试劳累。不觉沉沉睡去。他梦见自己状元及第，官场得意，子孙满堂，享尽荣华富贵。数年后，忽然获罪。家产被抄，妻离子散，穷困潦倒，十分凄凉，茫茫大雪之中，只剩下自己孑然一身。想想荣华富贵，犹如过眼烟云，不由长长地叹了一口气，梦也就醒了。这时，就听见钟离权笑着说："黄粱饭还没熟，你就做了一场好梦啊！"吕洞宾惊诧地说："先生竟然知道我做的是什么梦。"

钟离权淡然地说："人生在世实在是黄粱一梦而已。我是云房先生钟离权，住在终南鹤岭，你愿意跟我一起去吗？"吕洞宾于是弃儒归隐，跟随钟离权上终南山学道。上山以后，钟离权为了考验吕洞宾是否真心学道，又先后十次变幻出各种场景来试探他：有时是死亡的威胁，有时是人世的欺诈，有时是金钱美女的诱惑，有时是自然灾害的考验，结果吕洞宾都毫不动心。钟离权见他决心已定，便传给他炼丹之法和上真秘诀，以便他济世利物。

后来吕洞宾又拜火龙真人为师，得其雌雄二剑，此剑能一断烦恼，二断色欲，三断贪嗔，真人还传给他遁天剑法，告诉他这把宝剑法力无边，只要说出某人的姓名，并念动咒语，宝剑就会化作青龙去取那个人的人头。从此，吕洞宾背上宝剑，云游四方，扶弱济贫，除暴安良。后世全真教奉吕洞宾为纯阳祖师，北宋时，被宋徽宗封为“妙通真人”，元世祖时被封为“纯阳演正警化真君”，元武宗又封他为“纯阳演正警化孚佑帝君”。在民间，吕洞宾的影响超过了七仙和其他仙人，道观中他的香火很盛，全国各地都有祭祠他的吕祖庙。

白云观吕洞宾雕像

何仙姑，原名何秀琼，是广东增城做豆腐为生的何泰之女。大约生于武则天当政时某年的农历三月初七，据说她出生时满屋紫气缭绕，头顶出现六道毫光，乡亲们都说这姑娘以后肯定不是个凡人。

何家住在春冈，盛产云母。十四岁那年，她梦见一位仙人对她说："服用云母粉，身体会越变越轻，长生不死。"并教给她服食方法和采集的地点。醒来之后，梦里的情形还依稀记得，何仙姑便按仙人指点的方法采集云母，长期服用，渐渐觉得身轻如燕，于是决定一辈子不嫁人，独来独往。后来才知道那位仙人就是吕洞宾。春冈与罗浮山遥遥相望，有人看见她在山谷间飞翔。她常常早出晚归，从山中带回许多野果奉养爹娘。

后来，何秀琼又练辟谷法，讲起话来神秘莫测，与众不同。她还能预知过去未来之事，因此有许多人慕名前来拜访。后来人们不再叫她何秀琼，干脆把她称为"何仙姑"。有一次，一位官员接到一份"天书"，搞不懂什么意思，特意跑去请教何仙姑。其实何仙姑早就知道这位官员贪得无厌，鱼肉百姓，正好利用这个机会好好收拾一下他。她看完"天书"后说："天书上写的是：'受人贿赂十两金子，不仅少拿五年俸禄，还要折寿。'"贪官一听，吓得直冒汗，再也不敢随便收人钱财了。

武则天听说了何仙姑的种种传闻后降下诏书，派使者迎请她入宫。就在去京城的途中，何仙姑突然消失了。唐中宗景龙年间，有人亲眼目睹她白日升天。传说后来有人看见她和仙女麻姑立于五彩云端。代宗大历年间，又有人看见她现身广州小石楼。后来她跟吕洞宾结成师徒之后，人们就把她列入八仙的行列，成为八仙之中唯一的女仙。

韩湘子是唐代文学家韩愈的侄孙，名韩湘，在唐人写的《酉阳杂俎》里，记载了韩湘能染花变色、花中出现诗句的故事，以及韩愈贬官途中遇韩湘，作诗赠送的故事。

韩湘自幼行为放荡，不爱读书，长大后更是放荡不羁，嗜酒如命，对学道游仙却很感兴趣。后来家人把他送到京城韩愈处，希望叔叔韩愈能对他严加管教，今后出人头地。韩愈把他留在身边读书，他对此毫无兴趣，不是跟下人赌博，就是酒醉后露宿街头。韩愈看不过眼，劝告说：“做人要有一技之长才能安身立命，你把精力都用在瞎胡闹上，将来怎么办呢？”

韩湘说：“我也有一技之长，只是你不知道罢了。”

韩愈问：“那你能干什么呢？”

韩湘说我可以造“逡巡酒”，能开“顷刻花”，韩愈不信，要他表演来看。韩湘子就拿来酒杯，三下两下，果然变出满杯的美酒。他又端出一只花盆垫上泥土，栽了一株牡丹，一会儿工夫牡丹花绽开，花瓣上现出两句诗：云横秦岭家何在，雪拥蓝关马不前。韩愈十分惊异，问他是什么意思，韩湘说：“他日你自会明白。”

后来，唐宪宗迎佛骨于宫中，韩愈写出著名的《谏迎佛骨表》以示反对，由此触怒了宪宗，而被贬去潮州，途经商山时突遇大雪。道路泥泞，韩愈骑在马上寸步难行。这时韩湘突然站在马前，对韩愈说：“您还记得花上的诗句吗？说的就是今天的事啊！”韩愈忙问此地叫什么名字，韩湘说这里就是“蓝关”。韩愈这才明白了牡丹花上的两句诗义，感叹不已，于是当下用这两句诗凑成一首《左迁至蓝关示侄韩湘》：

一封朝奏九重天，夕贬潮阳路八千。
欲为圣朝除弊事，肯将衰朽惜残年？
云横秦岭家何在，雪拥蓝关马不前。
知汝远来应有意，好收吾骨瘴江边。

韩湘收好诗，一路护送韩愈到潮州。看韩愈安顿好后，说：“师父还在等我，我不能久留，就此告别。”说完不见了踪影。

蓝采和的事迹，最早见于南唐沈汾的《续仙传》。说他不知何许人，常穿一件蓝布长衫，腰间扎一条三寸多宽的黑木腰带。一脚穿靴，一只脚光着。一到夏天，他就穿上棉衣，而到了冬天他却睡在雪地里。全身热气直冒，人们还以为他是疯子。

蓝采和每天在街市中行乞，手持三尺木板边敲边唱《踏歌》："踏歌蓝采和，世界能几何？红颜三春树，流年一掷梭。古人混混去不返，今人纷纷来更多。朝骑莺凤到碧落，暮见苍田生白波；长景明晖在空际，金银宫阙高嵯峨。"歌中充满了对人生短促的惆怅和对神仙世界的赞美，街中男女老少都被吸引过去，一路听歌，一路看热闹，扔给他很多钱。

他用一根绳子把这些钱穿起来拖在身后，绳子断了，钱散落了他也毫不在意。看见穷人，他就送些钱给他们，如果还有余钱，他就进入酒店痛饮一番。他就这样云游四方浪迹天涯。有的人在孩提时见到过他，满头白发时又见到他。而蓝采和依旧是从前的模样，没有一丝衰老的痕迹。

一天，蓝采和在濠梁的酒楼上开怀痛饮，突然从空中传来阵阵音乐，一只仙鹤自天而降，只见蓝采和飘然离座，骑上空中飞来的白鹤，升天而去。他的靴子、衣衫、腰带、拍板从空中纷纷落下，转眼又消失了。后来，人们将他列入八仙之一。

曹国舅是八仙中出现最晚，也是排名最末的一位，他出现在五代十国以后的宋朝。宋仁宗时，曹皇后有两位弟弟，大的叫景休，心地善良，不爱说话，清心寡欲，对世间一切事务漠不关心。小的叫景植，依仗姐姐的权势为非作歹，欺压百姓，尽管宋仁宗多次劝诫，他毫不改过。因为他们是曹皇后的弟弟，因此被称为曹国舅。

曹景植作恶多端，犯下了杀人之罪，被包公严办伏法。哥哥景休深以为耻，更加看透了世事，从此隐逸山林，立志修道。一天，神仙钟离权和吕洞宾在山中发现了曹国舅，见他修炼勤苦，特地来点化他，上前问道："听说你在此修道已有很长时间了，那么你能告诉我俩你修得的道在哪里呢?"

曹国舅一言不发，用手指了指天。吕洞宾又问："天又在哪里?"曹国舅又用手指了指自己的心。吕洞宾和钟离权放声大笑说："心即是天。天即是道。看来你已证得本来面目了。"于是传授他还真秘旨。让他精心修炼，不久就位列仙班，从此曹国舅也加入了八仙的行列。

2. 画圣吴道子的故事

唐玄宗时，道教艺术得到了长足的发展，尤其在绘画方面产生了许多道教题材的艺术作品，画圣吴道子的作品尤为玄宗喜爱。

传说有一天玄宗宣吴道子进殿作画，没给他提供笔墨纸砚，却把他领到一面数丈高的白墙前，问："你能在这面墙上给联即兴作幅画吗?"吴道子说："这很容易。"说完让侍从端来一盆调好的墨，他接过墨盆顺势泼向雪白的墙壁，墙面顿时开了花，墨汁流得横七竖八，一塌糊涂。他又让侍从取来一块幕布把墙面遮住，过了一会儿，又把幕布揭开，只见墙面上片片墨迹竟变成了山水楼台，花鸟草虫，一幅意境幽远的山水画跃然而出。玄宗惊叹不已，站在墙壁前久久观赏，流连忘返。

吴道子指着画面中的一座小山说："陛下请看，这座山下有个小洞，是仙人的住处。如果轻轻扣几下门，仙人就会出来的。"玄宗哪里肯信，于是吴道子在门上扣了几下，洞门应声而开，一位青衣童子出来相迎。吴道子说："陛下，这洞中别有一番天地，实在是妙不可言，臣在前面走，请陛下随后来。"说完走入洞中，向玄宗招手示意。玄宗刚要迈步进去，不料洞门却关闭了。这时只见宫外卫士来报："吴道子不知何故突然翻墙出城，现在已不知去向。"

玄宗赶忙回头看墙壁，却见刚才的山水画已经消失得无影无踪，雪白的墙面上没有留下一点墨迹。虽然这只是传说，然而吴道子所画的老子像等艺术珍品，至今仍然是世界艺术宝库中的瑰宝。

3. 书法家颜真卿的传说

唐朝大书法家颜真卿自幼饱读经史，胸怀报国之志，开元年间考中进士，后任监察御史一职。他为人刚正不阿，为官公正清廉，道德文章为世人所敬仰。他的楷书端庄雄伟，气势开张，自成风格，受人喜爱，世称"颜体"。他书写的《多宝塔碑》、《麻姑仙坛记》等，是人们争相临写、千古流传的名帖。

唐玄宗时，大将李希烈挑起反叛大旗，自建大梁国，七十高龄的颜真卿奉皇上之命前去讨逆叛贼。满朝文武都知他此次出征凶多吉少，很可能一去不返。临行前纷纷前往颜府为他饯行。颜真卿也十分清楚自己此行的结果，但是他仍然摆酒款待各位友人，谈笑风生，举杯豪饮，没有流露出一丝悲伤的情绪。出发在即，只见他酌满酒杯，四面而拜，一饮而尽，登上官车后，他对送行的亲人和朋友说："我年轻时曾遇到一位姓陶的道士，传授给我刀圭和碧霞神丹，因此才有如此旺盛的精力和强健的体魄。陶道士曾说我七十岁有一劫，此后将在罗浮山与他相会，这个劫数指的就是今日之行吧！”

不久，颜真卿就在大梁遇难身亡。李希烈被平定后，颜氏家人前去收敛尸骨，打开棺材一看，颜真卿依然容貌红润，头发胡须长达数尺，就像熟睡中的人一样，家人把他改葬在偃师北山。

传说后来有一个商人去南方做生意，途经罗浮山，偶遇两个道士在树荫下下棋。这个生意人平常就好棋艺，连忙凑上前去助兴。其中一位道士听说他来自洛阳，就托他给偃师北山的颜家带封信。商人运货回来后，把信捎给了颜家人。子孙们接过信一看，竟然是颜真卿的笔迹。连忙开棺察看，棺中竟然空无一物。颜氏子孙又前往罗浮山寻访，早已不见两位道士的踪影。

第五章

道教的发展和变革——宋金元时期

一、北宋皇帝与道教

在中国历史上，北宋是继唐朝之后道教的兴盛时期。宋朝开国之初，太祖、太宗皇帝即注意扶植道教，礼遇隐逸道士，搜访道教经书，敕建宫观，使遭受唐末五代战乱破坏的道教有所恢复。北宋统治者对道教的扶持，与唐朝一样，也是为了利用道教神化其统治，制造所谓“天神授命”的神话。传说宋朝开国之初，在陕西终南山就有天神降临道士张守真家，自称是玉帝之辅佐，奉上帝之命护卫宋朝。宋太宗于太平兴国元年（976 年）召张守真入朝，令他在琼林苑设周天大醮，并遣使至终南山建上清太平宫，奉祀天神。

到了宋真宗即位之后，经济渐趋繁荣，边患暂时缓和，宋朝统治者对道教的崇奉也随之进入高潮。景德元年（1004 年），宋辽两国签订“澶渊之盟”，休兵罢战，枢密院知事王钦若劝真宗学古代帝王去泰山封禅，制造祥瑞，以此“镇服四海，夸示戎狄”。宋真宗为了掩饰自己对辽国屈辱求和，便认可王钦若之言。于是由他亲自导演，宰相王旦和王钦若等人积极参与，演出了一场“天书下降”的崇道闹剧。并学习唐王朝奉老子为始祖，为自己也制造了一位道教祖宗“圣祖赵玄朗”。圣祖尊号“圣祖上灵高道九天司命保生天尊上帝”，圣母尊号“元天大圣后”。

为了奉祀玉皇大帝和赵氏圣祖，宋真宗不惜耗费财力，大兴土木。从大中祥符元年至七年（1008—1014 年），委派丁谓主持修建了规模宏大、雕镂精巧的玉清昭应宫。建成后由宰相王旦亲任玉清昭应宫使。宫中奉祀的玉皇、圣祖像，专门委派江淮发运使李溥在建安招募巧匠铸造。造成后运抵京师，真宗亲率百官斋戒具服迎接，送至宫内安放。大中祥符年间，还先后下令在京城左承天门天书下降处建元符观，天下各州府军监皆建供奉天书及圣祖的天庆观，京师及曲阜建景灵观，寿丘建太极观以奉圣祖和圣祖母。真宗还将天书及圣祖降世的日子都定为节日。正月三日为天庆节，四月一日为天祯节，六月六日为天贶节，七月一日为先天节，十月二十四日为降圣节。节日期间官员放假，两京及诸路州府军监皆建道场设醮，断屠宰，听士民宴乐，京师张灯一夕，百官去道教宫观上香等，靡费甚巨。

宋真宗的崇道活动，搞得朝野乌烟瘴气，劳民伤财，加剧了北宋的财政危机。大臣孙奭屡次上疏，批评崇道活动，要他以唐玄宗崇道招祸之事为戒。宋仁宗时，朝臣宋祁上疏言北宋财政危机的根源，其中也提到“道场斋醮无有虚日，且百司供亿至不可资计”。对道教的崇奉，是造成北宋“兵虚财匮”、积贫积弱的重要原因之一。

宋徽宗赵佶在位期间，北宋统治已陷入内外交困。但以徽宗和蔡京为首的统治集团不是积极改良政治，克服危机，而是排斥忠良，任用亲信，大建园林楼阁，纵情享乐，并且狂热崇奉道教。宋徽宗效法唐明皇和宋真宗，也编造所谓“天神托梦”故事，并在京师建迎真馆恭候天神下降。

政和六年（1116 年），温州道士林灵素经左道录徐知常推荐见到徽宗。林灵素善幻术，为人机敏而好大言。他对徽宗说：“上天有九霄，最高者为神霄，神霄府中有神霄玉清王，乃上帝之儿子，号长生大帝君。陛下就是神霄玉清王转世，降为人主，暂由王弟青华帝君摄领天上神霄府事。”林又说自己是神霄府仙卿，降临人世辅佐帝君；蔡京、童贯等人亦是神霄府仙伯、仙吏，贵妃刘氏是上天“九华玉真安妃”。这番话说得徽宗心中大悦，赐林灵素通真达灵先生，在皇宫附近为他修建上清宝箓宫。次年二月，徽宗自称青华帝君夜降宣和殿，授他帝诰及天书云篆。命道士二千余人集于上清宝箓宫，听林灵素宣布此事。后来徽宗对林倍加宠信，赐号金门羽客、冲和殿侍宸，可随意出入宫禁。后因林恃宠跋扈，与太子争道，被贬斥回故里病死。

宋徽宗因佞信道教而大兴土木，下令将原在他出生地（京师福宁殿东）所建的玉清和阳宫，改名为玉清神霄宫，天下各州府所建天宁万寿观也都改为神宵玉清万寿宫，供奉长生大帝君和青华帝君神位。他对改建工作甚为重视，惩罚修建不力的地方官员。又亲自为京师神宵宫撰写《神霄玉清万寿宫记》，刻碑立石。各地宫观皆赐田产千亩。又命各处道教洞天福地皆修造宫观，塑圣像，因此而靡费甚巨。

宋徽宗还多次下诏在全国搜访有道异人，令各路监司选送道士至京师道录院学习道教科仪。规定道士可入州县学校教养，学习道教经书，考试合格者可入京师深造，准许参加科举考试。除京师有道录院外，宣和三年（1121 年）又令各州镇亦设道录、副道录、女道录、道正等官员。他还比照政府官吏品级设道官二十六等，道职八等。规定地方监司郡县官与道观知观道士以客礼相见，天下道士免阶墀迎接府衙，极力提高道士社会地位。

宋徽宗迷信道教，原想借助宗教神化自己，威吓臣民和敌国。但事与愿违，正当北宋君臣崇奉道教之时，北方金人已兵临城下了。在国家危亡之际，徽宗犹自相信道教法术能抵御金贼。宣和七年（1125 年）秋，金兵已渡过黄河，徽宗还在派遣使者押解道士刘知常所炼“神霄宝轮”去各地宫观，宣称可以镇四方兵灾。金兵围困汴京后，兵部尚书孙傅迷信方士郭京“能六甲法，可以生擒金二帅”。结果郭京驱使“神兵”开城，不战而逃，金兵乘机登上城墙，加速了京师的陷落。徽宗、钦宗连同北宋宗庙神器，府库蓄积，都被金兵悉数掳去。这位“教主道君皇帝”作了囚徒，犹且身穿紫道袍，头戴逍遥巾，作道流打扮，真可谓至死不悟。

二、两宋内丹道派

唐末五代兴起的道教内丹炼养术，在宋元两代愈盛，形成诸多派系。其内丹学说大多宗承钟离权、吕洞宾为祖师，故称“钟吕金丹派”。北宋后期，内丹学已渐趋成熟。到了南宋与金元对峙时期，终于形成了以内丹修炼为宗旨的两大道派，即流传于南宋境内的金丹派南宗，以及兴起于金元之际的北方全真道派。

金丹派南宗，又称紫阳派，其创始人为北宋著名道教学者张伯端。张伯端（984—1082 年），字平叔，号紫阳真人，浙江天台人。自幼好学，涉猎三教经典。曾任府吏之职，因触犯律法谪戍岭南，后随龙图阁学士陆诜转赴成都。据说宋神宗熙宁二年（1069 年），他在成都遇见“异人”，授以金丹药物火候之诀，遂改名张用成，著《悟真篇》阐述内外功法。其后又研习佛经禅学，撰写《禅宗诗偈》，附于《悟真篇》。传说他晚年皈依佛门，回归故乡，元丰五年（1082 年）去世。

张伯端的《悟真篇》是道教内丹学名著，被誉为“千古丹经之祖”。该书以诗词歌颂形式，阐述内丹宗旨及练功方法，倡言性命双修，道禅融合。其书分正编与附录两部分。正编讲述“养命固形之术”，即内丹“命功”修炼方法。旨在以人体内精气神三宝为药物，经修炼后合成金丹。附录部分吸取佛教禅宗义理，讲述“达本明性之道”，即内丹修性功法。旨在通过心性修养，达到返归虚无，证道成真。其修炼程序为先修命功，后修性功。

张伯端顺应时代思潮，倡言儒释道三教合一。他认为三教思想宗旨应同归于“性命”二字。但是佛教以空寂为宗，主张顿悟圆通，直超彼岸，其教法“详言性而略言命”，未免偏颇。早期道教以炼丹养生为务，欲图长生不死，飞升成仙，但其方术“详言命而略言性”，亦不足取。儒家学说的宗旨，在序正人伦，施行仁义教化，对性命修炼则言之未详。因此在张伯端看来，只有钟吕内丹派提倡性命双修，形神俱妙，才是唯一得到三教真传的“最上乘法”。因此《悟真篇》开篇即称：“学仙须是学天仙，唯有金丹最的端。”学炼内丹以成仙证真，是张伯端及内丹术士们追求的最高理想。

张伯端的内丹学说受道家黄老思想影响，认为人身是一个小宇宙，在人体内修丹成仙，须要逆反宇宙生成法则。宇宙万物的生成顺序是“道自虚无生一气、便从一气产阴阳，阴阳再合成三体（天地人），三体重生万物昌”。这是从无到有的自然生成顺序。修炼内丹的奥秘则在于颠倒逆行，即逆反“道生万物”的自然程序，使身中阴阳五行交合为一，炼形化气、炼气化神、炼神还虚，从而返本还元，复归于虚无，是自我与无生无灭的道体合一，即可永世长存。逆炼归元必须先识取人身中所藏“真铅真汞”作为炼丹药物。所谓真铅即下丹田所藏真阳之气，是为阴中之阳，喻作水中之金；真汞即上丹田所藏真阴之精，是为阳中之阴，喻为火中之水。此二物阴阳交合，再加上“真土”（即心中真意）的调和作用，便可使人体阴阳五行（即元精元气元神）混合为一，结成金丹。其具体功法颇为隐秘。总之，从道教命术入手，以佛教修性为用，道禅融合，性命双修，先命后性，而终归于成仙合道，是为张伯瑞内丹学说的要旨。

据说张伯端与一位禅师交好，听说他神通广大，入定时神魂能出游四方，自认为已修炼到上乘境界。一天，两人又聚在一起，张伯端有心与他比比高下，便问：“今天没什么事情，禅师愿意和我一同远游吗?”禅师欣然同意。张伯端又问：“禅师想去哪里呢?”禅师说：“先到扬州赏花吧。”两人当即对坐入静，神魂出体，飞往扬州。

当张伯端到扬州时，禅师已在花园转了几圈了。张伯端又提议说：“我们不如各折一枝花留作纪念。”二人的神魂随后附归身体，几乎同一时间出定。张伯端见禅师两手空空，手摇着花枝笑嘻嘻地问：“禅师折的花呢?”禅师自愧不如。

张伯端的弟子听说后问：“师父，我见禅师的神通不在您之下，为什么却没采到花呢?”张伯端说：“我修习的金丹大法，是性命双修，聚则成形，散则成气。禅师修性而不修命，功力当然不如我了。在我看来，性命本一体，道释本无二，性命双修才是修炼的关键。”

三、王重阳与全真道

全真道的创始人王喆，字知明，号重阳子，陕西咸阳大魏村人。生于北宋政和二年（1112 年），其家乃当地大族。早年入府学读书，修习儒业。后应试武举，得中甲科。然而仕途坎坷，只做过小吏，因感怀才不遇，乃辞官归家，心情苦闷，佯装疯狂，乡人呼之为“王害风”。时值金朝倡修文治，对民间太一教、大道教予以承认。王重阳经过一番内心痛苦的追求，乃慨然入道，皈依宗教。正隆四年（1159 年），王喆自称在甘河镇酒肆中遇二位仙人，授以金丹真诀，传说这两位仙人是吕洞宾和钟离权的化身。以此为契机，王重阳皈依了道教。这段奇遇被后世全真教徒称作“甘河遇仙”。

第二年，王重阳又遇到了神仙刘海蟾，更坚定了他从道弃世的决心。他抛下妻子儿女，当了道士，道号重阳子。一年后，他在终南山挖了一个深达四米的洞穴，命名为“活死人墓”，并在墓中静修。后来，他埋掉洞穴，又回到刘蒋村，一边修行一边传道。乡里人以为他又犯了神经，没有一个人愿意跟他修行。

他绝望之极，一天夜里亲自放火烧毁茅庵，出走山东。经过千里跋涉，终于到达山东宁海。当地有个叫马钰的富翁，头天夜里梦见一只白鹤从他家南园破土飞出，第二天一早就遇见了王重阳。马钰对王重阳十分钦佩，将他请到家中，奉若神明，并让他择地立庵。王重阳于是来到马家南园，在马钰梦见白鹤飞出的地方筑庵，取名为“全真庵”。

王重阳立庵后，想收马钰为弟子，带他西行传教。马钰一想到妻儿和巨大的家业，犹豫不决。一天，王重阳嘱托马钰说：“我打算静修一百天，请你将庵门反锁起来，每天给我送一次饭就行了。”时值严冬腊月天，寒气袭人，庵中除了笔砚、枕席和布单外，丝毫没有可取暖的东西。然而王重阳却面色红润，如沐春风，马钰看后心中羡慕不已。

王重阳静修期间，多次以梦度化马钰夫妇二人。百日将满，马钰终于决心入道，于是分散家产，与妻子孙不二先后拜王重阳为师。王重阳赐号马钰为“丹阳子”，孙不二为“清净散人”。自此以后，王重阳受到众多信徒的信赖，又陆续招收了长真子谭处端、长生子刘处玄、长春子丘处机、玉阳子王处一、恬然子郝大通五位弟子，号称“全真七子”，这七人后来各自形成门派，成为使全真教兴盛发展的骨干力量。

王重阳收下全真七子后，开始在山东各地传教。他非常善于随机施教，常常编诗词来教化士人。因此信徒遍布于社会各个阶层。他先后在宁海、文登、福山、登州、莱州等地建立了五个教会，并在此基础上正式创立了“全真教”派。凡立教会，皆以“三教”二字冠首，并规定以《道德经》、《般若心经》、《孝经》为教徒必修经典，表明其教义以融合儒释道三教为特点。

王重阳及弟子开创的全真道，是北宋以后最重要的道派之一。其教义教制较天师道、上清派等旧道教有不少创新。首先，全真道受晚唐北宋以来“三教合一”思潮影响，在教义及修持方面极力标榜“三教圆融”。自称以“太上为祖，释迦为宗，夫子为科牌”，不独尊道教教主。王重阳劝导徒众诵读道教《道德经》、《清静经》、佛教《心经》、儒家《孝经》，不独奉道教经典。儒释道三教之学，本来各有其宗旨，宋儒言“理”，禅宗明“性”，道教修“命”。但是全真道认为“天下无二道，圣人不两心”，三教之学皆不离“大道”，归根结底都统一于“道德性命之学”。因此王重阳主张创立一种融会贯通三教的“性命之道”，亦即全真道。全真的意思是“全其本真”，即保全作为人性命之根的精气神三要素，使其不受污损。“全精、全气、全神”，是全真道修持的最高目标。

其次，全真道在修持方面反对道教传统的外丹烧炼和符箓驱鬼之术，而师法晚唐北宋以来新兴的钟吕内丹派方术，主张“性命双修”，强调以识心见性为修仙正途。“识心见性”本是禅宗提倡的修持方法，全真道却以之作为修道成仙的根本途径。全真道认为人心固有的“本来真性”（或称真心、元神）不生不灭，超越生死，是成仙证真的唯一根本；而四大假合而成的肉体则有生有灭，不可能永存不死。人的真心真性本来清静无染，但世人皆被后天的物欲所迷惑，不识真心真性，因而流转生死苦海，不得解脱。修行者若能在心地上做工夫，对镜忘缘，诚心静虑，一念回光，识得自心真性，保持不乱，便可证得无形无相的“法身”，使精神超越生死之外。这样，全真道对道教早期的修道成仙的信仰作了重大的改变，从追求肉体长生不死，飞升上清，转变为精神超越长存而形体不离凡间。

全真道在宣扬成仙升天的同时，还要求其信徒必须有克己忍辱、清修自苦精神。王重阳及弟子吸取佛教人生观，极力渲染人生短促无常及六道轮回之苦，劝导人们看破功名富贵，家财妻子皆虚幻不实，立志求道学仙，追求“天上真乐”，脱离人间“火宅”。因此全真道规定道士必须出家住观，遵守严格的清规戒律，不娶妻室，不茹荤腥，居处不雕梁峻宇，要断除酒色财气，攀援爱念，忧愁思虑，乃至遏制食睡色三种基本的生理需要。苦炼积功，苦行济世，如此才能超凡入圣。全真道祖师王重阳及七大弟子，大体都能保持这种自甘勤苦、安贫守贱的全真精神，以“异迹惊人，畸行感人”。例如马钰每日仅乞食一钵面，誓死赤脚，夏不饮水，冬不向火。丘处机在磻溪、龙门苦行炼心，昼夜不寐，达13年。郝大通在赵州桥下趺坐6年，持不语戒，寒暑风雨不易其处。王处一在铁查山修炼，赤脚往来砺石荆棘之中，在砂石中长跪，悬崖上翘足而立等。全真道早期庵观也多尚简朴，道士力耕而食。其丛林庵观制度多仿禅宗丛林之制，对不守清规的弟子有严厉的处罚条例，从跪香、逐出师门，直至处死。这种禁欲苦行精神和严执戒规的教风，是对唐宋以来官方道教结交权贵、奢侈腐化之风的革新。

全真道和其他民间道派一样，对封建伦理纲常的宣扬不遗余力，以致有“忠孝仁慈胜出家”之说。要求道士须修仁蕴德，忍辱谦下，见人难常怀拯救之心，或化诱善人入道修行。所为之事先人后己，与万物无私。本着这一教旨，金元间全真教徒曾做过一些有益于民众的好事。如丘处机西游劝成吉思汗止杀，建议免除北方人民赋税3年。王志谨在关中开渠引水，李志远劝阻太傅耶律宝俭用婢女为母殉葬，崔道演行医施药等，这些都受到时人的好评。

总之，全真道士的修炼，包括个人内修的“真功”与传道济世的“真行”两个方面。超凡入圣，成仙证真，此即全真教义之要旨。由于全真道的教旨既符合乱世中下层民众的心态，又有助于统治者实施“教化”，因此在王重阳死后不久便在北方各地广为传播，并且受到金元统治者的重视与扶持，成为实力最大的新兴道派。

四、丘处机与成吉思汗

丘处机字通密，号长春子，登州栖霞（今山东省烟台市栖霞县）人。在王重阳去世后，他成了全真道掌教人。他的主要著作有《大丹直指》、《摄生消息论》、《磻溪集》等。大定二十八年（1188年），金世宗召丘处机进京问道。继世宗即位的章宗对他也很尊敬。

公元1219年，还在西征军中的成吉思汗闻其名，派近臣札八儿、刘仲禄持诏专程邀丘处机朝觐。丘想借其力推行全真教义，早日息兵偃戈，去战乱杀戮之祸，便慨然应诺。于次年以73岁高龄，偕同弟子赵道坚、宋道安、尹志平、李志常等18人北上，路经燕京到达宣德，又接成吉思汗之诏，继续西行。

成吉思汗既欲在政治上对全真道有所倚重，又想求长生养生之道，故对丘处机很优待。在行宫中设宴盛情地款待他，并向他请教治国之道和长生之术，他说“敬天爱民”为治国之本，“清心寡欲”为长生之道，并进一步劝诫说：“您已有四海之地，应当停止无益的征伐，选贤能之士并加以启用，适当地免去赋税，使百姓恢复农业生产，重振家园，只有这样才能安定天下。”成吉思汗听了，不住地点头称道，待他为上宾，并留他住在营房附近，好随时求教。

白云观丘处机应诏西行，赴雪山会见成吉思汗的悬塑

一天，空中突然响起几声炸雷，那响声令人心惊肉跳，成吉思汗忙派人去请丘处机，一见面就问："我们蒙古人一向敬畏上天，不知刚才的震雷为何而降?"

丘处机乘机诱导说："'三千之罪，莫大于不孝'，你们蒙古人不孝敬父母，应从此改掉这种陋习才对。"成吉思汗对满朝官员训诫说："上天派神仙来协助我们，你们一定要将他的话铭记在心!"此后，人们便尊称丘处机为"丘神仙"。

第二年三月，丘处机提出东归的请求，成吉思汗挽留不住，只好同意。他下诏免去全真教的一切赋税差役，并赐给丘处机虎牌玺书，令他掌管天下道教，还派了一千多名士兵沿途护送。丘处机到燕京后，借助成吉思汗的威力和器重，救死济困，做了许多善事。成吉思汗赐名丘处机所住天长观为长春宫，并派使者慰问。丘处机80岁离世，葬于长春宫处顺堂，即今北京白云观。丘处机在世之日，元太祖先后在燕京建立“平等”、“长春”、“灵宝”等八会，于各地大建宫观，全真教盛极一时。丘处机感慨地说：“千年以来，道门开辟，未有如今日之盛！”

丘处机继承和发挥了王重阳和马钰的思想，力主三教合一，有诗云，“儒释道源三教祖，由来千圣古今同”。他仿效佛教“众生皆有佛性”之说，宣扬有情皆有道性，说：“凡有七窍者，皆可成真。”、“畜生饿鬼，皆堪成佛。”丘处机以慈悲济世为要务，表现了宗教家的高风亮节。清乾隆皇帝为北京白云观丘祖殿题联云：“万古长生不用餐霞求秘诀；一言止杀始知济世有奇功。”

五、真大道教

真大道教的创始人是刘德仁（1122—1180年），沧州乐陵人（今属山东），号无忧子。皇统二年（1142年），刘德仁自称太上老君下降，授予《道德经》，开始传教。他以《道德经》为宗旨，同时吸取儒、释思想，制定了九条训诫：一视物犹己，勿萌戕害凶嗔之心；二忠君孝亲，无绮语恶声；三除邪淫，守清静；四远势力，安贫贱，力耕而食，量入而用；五毋事博弈，毋习盗窃；六毋饮酒茹素，衣食取足；七虚心弱志，和光同尘；八毋事强梁，谦尊而光；九知足不辱，知止不殆。

这九条训诫大多取自老子之说，颇能适应社会民众，尤其是农民小生产者的愿望，有利于在战乱后恢复生产和社会安定。据说刘德仁门下的大道教徒往往自庐而居，凿而饮，耕而食，蚕而衣，不妄取于人，不苟侈于己。这种勤俭自足的朴实教风，较之奢侈腐化的北宋道教，可谓面目一新。在修行方面，大道教崇尚无为，既不重炼养仙术，亦不用符箓咒术，不奉祀众多鬼神，唯以一炷香恳礼天地。据说刘德仁为人治病，不用针药和符箓，但仰面朝天默祷，而病人无不痊愈。这种清通简要的修持方法，在道教诸派中独具一格。

刘德仁的教义吸引了不少信徒，远近人民愿为其弟子者很多。据说"一时州里田野，各以其所近而从之。受其教诫者风靡水流，散于郡县。皆能力耕作，治庐舍，联络表树，以相保守，久而未之变也"。大道教的迅速传播很快引起金国朝廷注意。大定七年（1167 年），金世宗召刘德仁入居中都天长观，赐号"东岳先生"，以示褒奖。在朝廷保护下，大道教得以稳定发展。到刘德仁晚年，"传其道者几遍国中"。大道教第二代祖师陈师正掌教十五年，三祖张信真掌教二十五年，教门势力继续发展。至金朝末年，四祖毛希琮居燕京玉虚观，掌教五年。毛氏卒后，大道教在元初发生内部争执，分裂成玉虚观和天宝宫两派。天宝宫派拥立郦希成为第五代祖师，玉虚观派拥戴李希安为五代祖师。郦在玉虚观站不住脚，便跑到山东、河北等地继续传教。过了十五年（1238 年），郦希成才战胜对手，使"教门得真假之分"。这时大道教的势力已经很大，"南通河岳，北极齐燕，立观度人，莫知其数"。郦希成得到蒙古宪宗支持，赐号"太玄真人"。他还请宪宗赐其教名为"真大道"，表示他的教派才是大道教正统。宪宗九年（1259 年）郦希成去世后，天宝宫派又推举六祖孙德福、七祖李德和相继掌教。孙、李二人皆受元室赐封真人之号。真大道第八祖岳德文（1235—1299 年）掌教时期，得到元室大力扶植，教门兴盛。至元贞二十一年（1284 年），元世祖赐岳德文“崇玄广化真人”称号，命他掌教于京师，统辖诸路真大道教，赐给玺书。岳德文曾为丞相安童治病立愈，时人神之，王公显贵竞相与岳交往，势都儿王爷出资为真大道增修宫观，置买田庄。元贞元年（1295 年），朝廷又加封真大道历代祖师，赏赐丰厚。这时真大道荣耀至极，教团亦随之大为扩张。“西出关陇至于蜀，东望齐鲁至于海滨，南极江淮之表，奉其教诫者皆攻苦力作，严祀香火，朔望晨夕望拜，礼其师之为真人者，如神明然。”岳德文去世后，九祖张清志嗣掌教事，但张清志之后大道教传承不明。大概元末该教已趋衰微，并入全真教或其他道派。

六、宋元旧符箓派

宋元时期，随着道教改革的发展，一些在汉魏六朝时期形成的旧符箓道派如正一派（天师道）、上清派、灵宝派等，也在教义上有了许多革新和变化。

正一派创始于汉末天师张道陵，在道教诸派中历史最为久远。据说，张道陵四世孙张盛从川陕一带迁居江西龙虎山传教，后来这里成为天师道的中心。到了宋元时期，正一道得到统治者的扶持，日渐兴盛。宋真宗大中祥符八年（1015 年），第 24 代天师张正随入京，被赐号为“贞静先生”。第 30 代天师张继先受到宋徽宗宠信，被赐号为“虚靖先生”，赏给金铸老君及汉天师像。至南宋理宗嘉熙三年（1239 年），第 35 代天师张可大被提举为江南“三山符箓”，监管御前诸宫观教门公事。正一派从此取得统领道教符箓诸派的地位。

江南正一道汇合与统领诸符箓道教后，成为与北方全真道相对峙的另一大教团，在元朝呈现出繁荣活跃的景象。南宋原有的茅山、灵宝、清微、神霄、天心、东华等派继续流衍于江南，而由正一天师总掌江南道教。蒙古贵族南下中原，西征诸国，既重视利用全真道，也相当倚重正一道。元世祖忽必烈于至元十三年（1276 年）召见第 36 代天师张宗演，命他主领江南诸路道教，赐给银印。次年又封为真人，命于长春宫主持周天大醮。此后元朝历代天师嗣位，皆沿例赐封为真人，袭掌三山符箓及江南诸路道教，有权荐举任免江南各地的道录与宫观提点，奏请新建宫观名额及度牒。第 38 代天师张与材因劾治潮患有功，被元成宗封为“正一教主”，武宗即位后又授金紫光禄大夫，封留国公，赐给金印，秩视一品。第 39 代天师张嗣成被封为“翊元崇德正一教主”，并授集贤院知事，掌管天下道教事务。宋元间的正一道除了龙虎山一系外，还有一些支系比较活跃，如由张留孙开创的“玄教”一系和由饶洞天开创的“天心派”等。

上清派由东晋女道士魏华存开创，活动中心在茅山。宋真宗时，上清派第 23 代宗师朱自英，曾为真宗祈神赐子而生下仁宗，被封为“国师”。第 25 代宗师刘混康也很受朝廷重视，应召为哲宗皇后孟氏治病，因而赐号为“先生”，敕命江宁府改建其茅山旧居为元符观。宋徽宗即位后，对刘混康更为尊崇，敕令扩建元符观为“元符万宁宫”，并赏赐九老仙都玉印、玉器宝剑及御书画等，死后追赠为“葆真观妙冲和先生”。南宋时，上清第 35 代宗师任元阜，曾应宋宁宗诏命修大醮治水患，赐先生号。到了元代，上清第43代宗师许道杞因祈雨有验，蒙元世祖召见，赐以宝冠法服。第44代宗师王道孟，也因祈雨驱蝗事迹，被元室赐予真人号。第45代宗师刘大彬，编撰《茅山志》33卷，为元代遗留下的重要道教史料。茅山道士杜道坚著《道德原旨发挥》，张雨著《外史山世集》、《碧岩会玄录》等，扩大了上清派的社会影响。

灵宝派创始于东晋末年，在隋唐五代沉寂无闻，传承法嗣不明。直至北宋时，才在江西清江县阁皂山出现传授灵宝经箓的派系，称作阁皂宗。宋哲宗绍圣四年（1097年），敕命以龙虎山、茅山、阁皂山为江南三大符箓派。元代阁皂山万寿崇真宫第46代嗣教宗师杨伯，被朝廷加封为“太玄崇德翊教真人”。宋金元间有林灵真编《灵宝领教济度金书》、金允中编《上清灵宝大法》等道书传世。

灵宝派长于斋醮法术，注重劝善度人，宣称要普度一切人，吸收了佛教普度众生的思想。道教的斋仪大都出于灵宝派道士之手。正因为该派重视度人，所以它比侧重于个人修炼的上清派拥有更多的信徒，成为南朝的一大道派。灵宝派尊奉元始天尊、太上道君、太上老君为最高神，后称“三清”。

在宋元年间，从灵宝派中还分化出一派“东华派”，该派远追徐来勒、葛玄、郑隐、葛洪、陆修静等人为本门宗师，实际创始人为北宋末年宁全真（1101—1181年），他撰有《上清灵宝大法》66卷。该派所行的斋醮祭炼，融入了内丹、雷法等术，时代特点比较明显。

七、新符箓道派

宋元时期兴起的新符箓道派，大都是受唐宋流行的道教内丹学的影响产生的，是内丹与符箓相结合的新道派。其中比较有名的是神霄、清微和净明道等派。

神霄派以传习神霄雷法而得名，假托其道法出自元始天王之子神霄玉清真王，实际该派创始人应为北宋末年江西南丰道士王文卿（1093—1153 年）。王文卿曾被宋徽宗召见，拜太素大夫等职，赐号“冲虚通妙先生”。神霄雷法据说是一种能够召雷唤雨的符箓法术，该派认为道士作法必须以内丹修炼作为根基，“内炼成丹，外用成法”，主张融合内丹与符箓。王文卿提倡“以道为体，以法为用”，雷法中所召之神雨吏，实是自身精气神和五脏之气的外化。神霄派认为，内炼成丹，随意主宰身内阴阳与五气之交感，并感通外界的阴阳五气，就能达到祈雨求晴、消灾治病的目的。到元代，该派因受全真道和儒学的影响，渐渐重视宗教道德实践，守持戒法，并以忠孝为先，后并入正一道。

清微派的创始人是唐末广西零陵人祖舒，因称其符法出于清微天元始天尊而得名。南宋理宗时，第 10 代宗师黄舜申以擅长清微雷法而闻名京城，并得到宋理宗召见，元代又被授予“雷渊广福普化真人”之号。清微符箓和神霄符箓一样，以雷法为主，名目繁多。该派也主张内炼为本，符箓为用，重视修炼内丹，其宗旨接近神霄派，只是所用符箓不同。元以后也重视宗教道德实践，吸收儒学思想，强调忠孝为先，逐渐并入正一道。

净明道是宋元年间在南昌西山兴起的一个道教派别，由灵宝派分衍而成。它起源于对东晋道士许逊的崇拜。该派尊奉许逊为祖师，称其法箓出于许逊之传。许逊的信仰由来已久，隋唐时期在南昌西山游帷观盛行的孝道派，即奉许逊为祖师，游帷观后改称玉隆观。宋徽宗政和二年（1112 年），敕封许逊为“神功妙济真君”，并扩建西山玉隆观，宋徽宗亲赐匾额“玉隆万寿宫”，宋元净明道派即以此处为传播中心。

南宋初，玉隆万寿宫道士何真公宣称绍兴元年八月十五日，许真君“自天而下”，降临玉隆宫“降授《飞仙度人经》、《净明忠孝大法》……建翼真坛，传度弟子五百余人，消禳厄会，民赖以安”。何真公假托许逊降授经典，建立了 500 人的庞大教团，实为这一道派的形成之始，但何真公一系的净明道传承不久即湮没无闻了。

元世祖至元末年时，便有居于南康建昌（今属南昌）的刘玉出来重建其组织，并对净明教义加以新的阐释，弘扬净明道。其基本特点是“以老子为宗”、“以忠孝为本”，吸取了较多的南宋理学思想，使原本形式粗糙、仙气很重的许逊忠孝之道，变为颇具理学色彩和思辨内容的净明之道。从而使重建后的净明道，无论是在组织上，还是思想内容上，都有了新的面貌。

净明道的宗教伦理据称以许逊所谓忠、孝、廉、谨、宽、裕、容、忍的“垂世八宝”为依据，尤以忠孝为首，认为奉行净明忠孝方可修仙得道。刘玉还强调提倡忠孝、扶植纲常必须“真践实履”。这种态度使当时许多儒家大臣也佩服称叹，认为有益于社会教化。净明道极力附和儒学，但毕竟属于符箓道派，因此较儒家多了些驱邪禳灾的本领。刘玉改革了符咒、斋醮、告斗等修炼方术，提倡孝道，不重视祈祷仪式中的繁文缛节，制定了

“日知录”、“功过格”，作为教徒日常生活的规范。净明道的道士也可以在家修行，这一特点与神霄派、清微派等道派大体相似。

净明道吸收儒家的伦理思想和佛教的“普度众生”之说，主张融合三教。该派在元明时期的士大夫中颇有影响，被誉为仙家之“最正者”。其经籍《净明忠孝全书》，收入《正统道藏》太平部。

第六章

道教的衰落——明清时期

一、张三丰与武当道派

张三丰是元明时期的著名道士，名通，又名全一，字君实（一作君宝），号玄玄子。由于他平时不修边幅，人称“张邋遢”。辽东懿州（今辽宁彰武西南）人，祖籍江西龙虎山，自称为张天师后裔。传说他一年四季都只穿一件破衣，披一领蓑衣。一顿饭能吃一升米，有时候好几天才吃一顿饭，有时候数月都不吃。由于他可以预知未来，事能先知，世人以为他是神。他终生云游，居无定所。传说他曾在陕西宝鸡金台观死后而又复活，道徒们称他为“阳神出游”。他多次来往武当山，后来便在一块自己选定的风水宝地结茅草屋居住，修炼丹道，并预言此山日后必定香火旺盛，嘱其弟子“善守香火”。明朝建立以后，自称“大元遗老”。时隐时现，行踪莫测。洪武二十四年（1391 年）朱元璋听说张三丰神通广大，道行高深，便派使者四处寻访，都未曾找到。后来明成祖继位，又遣使前往武当山找了十年仍没有找到，张三丰却因此名扬天下。

据说张三丰在武当山住了二十二年，然后下山四处云游。明成祖为了寻访他，在武当山大建宫观，明英宗时又封他为“通微显化真人”，然而张三丰一直是神龙见首不见尾。正因为如此，人们才越发将他神化，关于他的传说数不胜数。

张三丰认为，古今道法只有正教和邪教两教，所谓儒、释、道三教只是创始人不同，其实都是正教。他在《大道论》中说：“儒也者行道济时者也，佛也者悟道觉世者也，仙也者藏道度人也。”因此，他认为三教“修己利人，其趋一也”，调和了三教之间的关系。张三丰曾撰《大道论》、《玄机直指》、《道言浅说》、《玄要篇》等，后由清人李西月编成《张三丰先生全集》，收入《道藏辑要》。张三丰的内丹丹法，基本上属于北宗先性后命、性命双修一路，然又有主张阴阳双修的论调，故其后学有清修和双修两派。

张三丰生前并未公开自立门派，仅以游方高道身份收徒授道。但在其身后，被武当山及各地道士奉为祖师，在武当山形成了以张三丰为祖师的道派。张三丰不仅精于内丹气功，而且武功高强，被推为武当内家拳法创始人。武当拳法剑术深得道家贵柔守雌、以柔克刚之哲理，成为道教徒修道体验的重要内容，也是对中国文化的一大贡献。

二、陆西星与东派内丹学

道教内丹学自宋元时期形成南北二宗之后，明清时期又出现许多新流派，其中影响较大的有明朝后期陆西星所创的东派丹法。陆西星（1520—1601 年），字长庚，号潜虚，又号方壶外史，扬州兴化人。少为儒学生员，博学能文。因九次参加乡试都未能中举，于是弃儒从道，周游各地。后自称在修炼中感应吕洞宾降临所居北海草堂，授以丹法要诀，遂入栖霞山隐居著述，主要著作有《南华副墨》、《方壶外史》、《三藏真诠》等。其中《方壶外史》系丛书，收入《参同契测疏》、《玄肤论》、《金丹就正篇》等十余种内丹著作。

陆西星虽然宣扬内丹修仙，但他本人却从未出家受戒，不受全真教规约束。他生前也没有创立宗派，但是他的内丹学说却自成一家，有超出宋元内丹南北二宗之处，并且主要流行于江浙一带，因此后人称之为内丹东派。清人李西月所创称内丹西派。

陆西星在内丹修持方面主张性命双修，从筑基炼己、摄心修性入手。他的学说受南宗阴阳派影响较大，他认为阴阳丹法是以模仿男女阴阳交合，精气互施的生人之道为其理论基础，又称“人元大丹”。生子与炼丹的程序虽有“顺则生人，逆则成丹”之不同，但都需要采取分藏于男女身中的先天之精与先天之气为药物，使之交合为一，取阴补阳，其原理相同。人类禀天地元气，父精母血而生，先天精气分藏于男女，这是不可改变的事实。因此他认为炼丹采药，精气合会必须男女双修，而不能在孤阴孤阳身中自修而成。

陆西星的阴阳双修法作为内丹的重要流派之一，其中虽有不可取之处，但他对道教内丹学有重要贡献。他将宋元以来阴阳双修派的理论系统化，并对双修的具体方法有较为详明的描述，使之更易于入手修持，对后代有较大影响。

三、明清正一道的兴衰

明清两朝，正一道的政治地位居道教各派之首。早在1361年朱元璋攻占南昌之时，正一道第42代天师张正常就曾以“天运有归”的符命受到朱元璋的褒奖。明朝开国后，张正常于洪武元年（1368年）入朝礼贺，明太祖封他为正一嗣教真人，赐银印，秩视二品。洪武五年，又敕令张氏永掌天下道教事，从此正一天师便上升为整个道教的统领，历代天师都被明室封为“正一真人”并掌管天下道教。

张正常的儿子张宇初（第43代天师）博学能文，是历代天师中最有才干的，明成祖曾经在1406年让他主持编修《道藏》。张宇初曾以全国道教统领的身份写下《道门十规》一卷，该书吸收了全真道性命双修及严守清规戒律的宗旨，指出道士应遵守的10条戒律，在道教各派中推广，意图整顿道教。他还撰有诗文集《岘泉集》，对道教思想宗旨及修持方法多有发挥，堪称宋元以来最有学识的正一天师。永乐四年（1406年），张宇初奉旨编修道书，四年后张宇初去世，编修《道藏》的工作又由第四十四代天师张宇清接任。这是一项浩繁复杂的工程，直到明成祖驾崩时，还没有编成。仁宗、宣宗即位后，《道藏》的编修工作继续进行，到英宗正统十年（1445年），这部巨著才由全真派道士邵以正最后编成，取名为《正统道藏》。《正统道藏》是我国现存的唯一一部官修道藏，它历时八十三年才编修完毕，全书规模宏大，共收录道经五百三十五卷，按照三洞、四辅、十二类分类，采用“千字文”编号。

张宇初还曾奉敕设醮建斋，重建龙虎山上清宫，其后明代历任天师也常常奉诏为朝廷设醮祈祷。除正一天师外，明代还有许多正一派道士因符药方术而得高官爵禄，其中最显赫者为世宗时邵元节、陶仲文二人。

明代正一道虽被朝廷尊为道教首领，凌驾于全真道之上，但其上层道士却腐化堕落，花天酒地、横行乡里，教义方术没有新的发展。至清代前期，道教虽仍有众多信徒，但景况已大不如明代，再加上失去统治者扶植，因而更趋衰落。

清初顺治、康熙、雍正三朝，为了笼络汉人，对道教也给予了一定的优厚待遇。顺治八年（1651 年），第 52 代天师张应京入朝觐见，敕授正一嗣教大真人，掌天下道教事，给一品印。顺治十二年，第 53 代天师张洪任入觐，袭封大真人，并赦免本户及龙虎山上清宫各种徭役。康熙皇帝曾命第 54 代天师张继宗进香五岳，祈雨治河，袭封大真人，授给光禄大夫品级。雍正皇帝笃信禅宗，对道教方术也很感兴趣。他认为禅宗讲明心见性，道教炼气凝神，与儒家存心养气之旨不悖，而且道教劝人为善，戒人为恶，有补于治化。雍正五年（1727 年），沿用康熙旧例敕封第 55 代天师张锡麟大真人，授光禄大夫，赐银修龙虎山上清官，又召白云观道士贾士芳治病。

自乾隆时代起，因统治者极力推崇儒家理学，释道二教地位大为贬降。乾隆五年（1740 年），停止了天师朝觐之例，只许其由礼部官员接待；乾隆十七年（1752 年），又将正一真人从一品降为正五品秩；乾隆三十一年（1766 年），第 57 代天师张存义因祈雨有功升正三品，后又授通议大夫，不过是略施怀柔而已，张天师的声誉和地位已趋于低微，不复显赫了。道光帝时，天师的“正一真人”号被取消。由此，清廷与天师的关系变得极端疏远。光绪三十年（1904 年），光绪帝追赠第 59 代和 61 代天师为“光禄大夫”，但这不过是清廷临近灭亡时的一种招揽人心的权宜之计罢了。

清代正一道虽呈衰势，未受到统治者太多的重用，但其在民间的实力还是相当大的。据康熙六年（1667 年）的统计，当时全国的道士数量超过宋元时期的道士人数。随着清朝疆域的开拓，大批汉人向边疆地区迁徙，一些原无道教或道教影响甚微的地区，如东北、新疆、内蒙古、台湾等地，也都陆续建起了道教的神庙并有了道士。《福建通志》记载：台湾府、澎湖、新义等地都在清初建起了天后宫、吕祖庙、真武庙等，正一、清微、神霄等符箓道派也在此时传入了台湾。《诸者真宗派总簿》记载，正一、茅山、清微、灵宝、净明等传统符箓道派至清末时的传续都没有断绝过。不过，符箓道派与全真合流的现象也不容忽视，康熙时净明道居士胡之玫辑成的《净明宗教录》，所收的经籍除宋元净明旧籍外，就有取于全真戒律的《净明初真戒经》、《净明女真戒经》、《净明在家奉持戒仪》，以及取于全真内丹学的《净明法藏图》等。

四、明清全真道的兴衰

全真道在元代受统治者的重视，政治上地位极高。入明以后，全真道政治地位下降。原因之一是全真道跟元统治者一直很亲近，二是因为明统治者认为，它只顾个人修炼，无补于国家和社会。所以，在明代全真道教团发展受到限制，其势力远不及金元时代，处于寂然无闻的状态。

全真道自元代以来，七真门下各自开派，形成 7 个支派。其中丘处机所开龙门派势力最强。该派传至明代，出现以戒律密传的“龙门律宗”。此宗以丘处机门人赵道坚为第一代律师，赵传张德纯、张传陈通微、陈传周玄朴。周玄朴是龙门第4代律师，受法于洪武丁卯（1387年）。周玄朴后传法于张静定、沈静圆，龙门律宗此后分作张、沈两支，张静定传赵真嵩，赵传王常月。

除龙门派之外，全真道其他各派更为萧条，其传承可考者仅有谭处端所开南无派。该派在明代凡传七代，清朝亦传承不绝。但历代宗师皆出自冀鲁豫三省，活动范围限于华北，很少有道行杰出显著者。

清朝初年，全真道再次面临与其初创时期相似的形势，全真道龙门派宗师王常月应运而出以振兴宗教，使明代沉寂已久的全真龙门派出现了中兴景象。

王常月（1522—1680年），号昆阳子，山西潞安人。少年出家云游四方，得龙门派第6代律师赵真嵩之传，成为第7代龙门律师。相传龙门派自丘处机开始，制定“三坛大戒”传度道士，但仅单传秘授，未能推广。王常月受师父之嘱托，看准时势，改革旧制，以公开传戒度人出家，整顿教规作为振兴宗门的主要手段。满清入关之初，王即从隐居的嵩山北上京师，在白云观被道众推举为方丈。他的传戒活动得到清廷许可，顺治十三年（1656年），王奉旨主讲白云观，登坛说戒，度弟子千余人，一时南北道流纷纷来京受戒。康熙二年（1669年），王常月率弟子南下，在南京、杭州、湖川、武当山等地立坛说戒，南人皈依受戒者甚多，龙门教团于是大盛。王氏在江南所收弟子，多为儒士出身的明朝遗民，其中不乏抗清失败后隐藏民间的忠义之士。这些人胸怀民族气节，不肯屈仕清朝，在亡国破家之痛刺激下，只好遁入道门，寻求心灵的避难所。王常月卒于康熙十九年（1680 年），据说活了 159 岁。康熙帝敕赠“抱一高士”，命于其墓上建响堂塑像，每年忌日派官致祭。其著作有《碧苑坛经》二卷，又名《龙门心法》，是弟子们整理他在南京碧苑登坛说戒的语录而成。王氏弟子继续在东南江浙诸省开坛传戒，形成不少龙门支派。自明末清初至清代中叶，龙门派遍传全国各地，其势力远远超过正一道诸派及其他全真道派，与佛教禅宗五派中的临济宗地位相当，故世有“龙门、临济半天下”之说。

清初全真龙门派的中兴，在一定程度上恢复了全真道初期的教风。王常月针对全真教团长期腐化的积弊，强调认真实践个人修养的“真功”。以精严戒行为基，明心见性为主，尤其强调持守戒律。龙门派所传戒法，分为初真、中极、天仙大戒三级，王常月将此三级戒作为实践真功的基础。

王常月还适应时势，调和出世与入世、道法与王法之关系。认为出世之道须从世间人道上踏实做起，先尽人道，方可论仙道。迎合了满清统治者推行封建伦理教化的需要，在社会上影响较大。及至清末民初，全真道势力仍相当强大，宫观庵院遍布全国，田产收入亦相当雄厚，但其精神实质却不能不随封建社会的衰落而退化，教团素质日下，实践功行者甚少，靠香火营生者增多。个别上层道士骄奢腐化，为社会正直人士所不齿，全真道逐渐失去了吸引民众的魅力。

第七章

道教宫观

一、洞天福地

为了长生成仙，道教建构了神仙居住的地方，这就是仙境。仙境虽然虚无缥缈，但却是道教神仙长生教义的具体体现，这些神仙居住的胜境，并不都是在天上，而是有天有海有山有地。在天上的，道教中称为三清境，在海中的称为十洲三岛，在山里的称为名山洞府，因为数量众多，又有等级差别：重要的有十大洞天，次要的称三十六洞天，再差一些就是所谓的七十二福地。这些地上的胜境，即所谓的洞府，主要是那些还未成仙者修行成道的地方，所以要远离喧嚣、脱离尘世，以便静下心来，交通神仙，以达到真正的乐境。所以，洞天的意思就是通天，在洞中修炼可以与神仙接通，与天界相通；而福地的意思就是得福之地，居此地可受福，修成地仙。

唐代道士司马承祯的《天地宫府图》就记载了这十大洞天、三十六小洞天、七十二福地。后来，唐末五代道门领袖杜光庭根据前人所述编纂了《洞天福地岳渎名山记》，把见于各种道书中所谓的神仙住地，做了统一的编纂和简要的记录，形成了一部较完整的道教的宗教神学地理书。杜氏的《洞天福地岳渎名山记》不仅记载了这些洞天福地的名称，还详细记载了它们的位置及相关的神仙故事。

1. 十大洞天

据杜光庭的《洞天福地岳渎名山记》，十大洞天依次为：

第一，王屋洞小有清虚天，周回万里，王褒所理，在洛州王屋县。第二，委羽洞大有虚明天，周回万里，司马季主所理，在武州。第三，西城洞太玄总真天，周回三千里，王方平所理，在蜀州。第四，西玄洞三玄极真天，广二千里，裴君所理，在金州。第五，青城洞宝仙九室天，广二千里，宁真君所理，在蜀州青城县。第六，赤城洞上玉清平天，广八百里，王君所理，在台州唐兴县。第七，罗浮洞朱明曜真天，广一千里，葛洪所理，在博罗县，属修州。第八，句曲洞金坛华阳天，广百五十里，茅君所理，在润州句容县。第九，林屋洞左神幽虚天，广四百里，龙威丈人所理，在苏州吴县。第十，括苍洞成德隐真天，广三百里，平仲节所理，在台州乐安县。

2. 三十六洞天

据杜光庭的《洞天福地岳渎名山记》，三十六洞天依次为：

霍童山霍林洞天，三千里，在福州长溪县。太山蓬玄洞天，一千里，在兖州乾封县。衡山朱陵洞天，七百里，在衡州衡山县。华山总真洞天，三百里，在西岳。常山总玄洞天，一百里，在北岳。嵩山司真洞天，三千里，在中岳。峨眉山虚陵太妙洞天，三百里，在嘉州峨眉县。庐山洞虚咏真洞天，三百里，在江州浔阳县，九天使者。四明山丹山赤水洞天，一百八十里，在越州余姚县，刘樊得道。会稽山极玄阳明洞天，三百里，在越州会稽县，夏禹探书。方白山德玄洞天，五百里，在京兆周至县，太上所现坛。西山天宝极玄洞天，三百里，在洪州南昌县，洪崖所居。大寰山好生上元洞天，三百里，在潭州醴陵县，传天师所居石室仙坛。潜山天柱司玄洞天，一千三百里，在舒州桐城县，九天司命。武夷山升真化玄洞天，百二十里，在建州建阳县，毛竹武夷君。鬼谷山贵玄思真洞天，七十里，在信州贵溪县。华盖山容城太玉洞天，四千里，在温州永嘉县。玉笥山太秀法乐洞天，百二十里，在吉州新淦县。盖竹山长耀宝光洞天，八十里，在台州黄岩县，葛仙公所居。都峤山太上宝玄洞天，八十里，在容州。白石山秀乐长真洞天，七十里，在容州，北源。句漏山玉阙宝圭洞天，三十里，在容州。有石室丹井。九疑山湘真太虚洞天，三十里，在道州延唐县。洞阳山洞阳隐观洞天，百五十里，在潭州长沙县。幕阜山玄真太元洞天，二百里，在鄂州唐军县，吴猛上升处。大西山大西华妙洞天，一百里，在辰州界。金庭山金庭崇妙洞天，三百里，在越州剡县，褚伯玉沈休文居之。麻姑山丹霞洞天，二百五十里，在抚州南城县，麻姑上升。仙都山仙都祈仙洞天，三百里，在处州缙云县，黄帝上升。青田山青田大鹤洞天，四十里，在处州青田县，叶天师居之。天柱山大游玄盖洞天，一百里，在杭州余杭县天柱观。钟山朱湖太生洞天，一百里，在润州上元县。良常山良常方会洞天，三十里，在茅山东北，中茅君所居。桃源山白马玄光洞天，七十里，在朗州武陵县。金华山金华洞元洞天，五十里，在婺州金华县，有皇初平赤松观。紫盖山紫玄洞盟洞天，八十里，在韶州曲江县。

3. 七十二福地

据杜光庭的《洞天福地岳渎名山记》，七十二福地依次为：

地肺山，在茅山，有紫阳观，乃许长史宅。石磕源，在台州黄岩县峤岭。东仙源，在温州白溪。南田，在处州青田。玉璃山，在温州海中。青屿山，在东海口。崆峒山，在夏州，黄帝所到。郁木坑，在吉州玉笥山玉梁观，乃萧子云宅。武当山，在均州，七十一洞。君山，在岳州青草湖中。桂源，在连州抱福山，廖先生宅。灵墟，在台州天台山，司马天师居处。沃州，在越州剡县。天姥岭，在台州天台南，刘阮迷路处。若耶溪，在越州南樵风径。巫山，在夔州大仙坛。清远山，在婺州清阳县东白山。安山，在交州，安期先生居处。马岭，在郴州，苏耽上升处。鹅羊山，在长沙县，许君斩蜃处。洞真坛，在长沙南岳祝融峰。洞宫，在长沙北。玉清坛，在长沙北。洞灵源，在衡州南岳招仙观上峰。陶山，在温州安固县，贞白先生修药处。烂柯山，在衢州信安县。龙虎山，在信州贵溪县，天师宅。勒溪，在建州建阳县。灵应山，在饶州北，施真人宅。白水源，在龙州。金精山，在虔州虔化县，张女真修道处。阁皂山，在吉州新淦县，天师行化。始丰山，在洪州丰城县。逍遥山，在洪州连西山，许真君修道处。东白源，在洪州新吴县，钟真人宅。钵池，在楚州，北王真人修道处。论山，在丹徒县。毛公坛，在苏州洞庭湖中，包山，七十二坛，刘根先生修道处。九华山，在池州青阳县，实真人上升处。桐柏山，在唐州桐柏县准水上源。平都山，在忠州酆都县，阴君上升处。绿萝山，在常德武陵北。章观山，在澧州澧阳县。抱犊山，在潞州上党，庄周所居。大面山，在蜀州青城山，罗真人所居。虎溪，在湖州安吉县，方真人修道处。元晨山，在江州都昌县。马迹山，在舒州，王先生修洞渊法处。德山，在朗州武陵县，善卷先生居，古名枉山。鸡笼山，在和州历阳县。王峰，在蓝田县。商谷，在商州上洛县，四皓所隐处。阳羡山，在常州义兴县张公洞。长白山，在兖州。中条山，在河中永乐县，侯真人上升。霍山，在寿州。云山，在朗州武陵县。四明山，在梨州，魏道微上升处。缑氏山，在洛州缑氏县，子晋上升处。临邛山，在邛州临邛县白鹤山，相如所居。少室山，在河南府连中岳。翠微山，在西安府终南太一观。大隐山，在明州慈溪县天宝观。白鹿山，在杭州天柱山，吴天师所隐。太若岩，在温州永嘉县，贞白先生修真诰处。榛山，在莱州崂榛山，仙公会真处。酉白山，在越州剡县，赵广信上升处。天印山，在升州上元县洞玄观，仙公行化处。金城山，在云中郡。三皇井，在温州仙岩山。沃壤，在海州东海县，二疏修道处。

二、道教名山

道教吸收了道家恬淡无欲的思想，学道成仙的人，都要潜入深山，与世隔绝。因为只有摒弃人世间的杂芜，到幽邃的山中修炼，才能“名入上清死灵除”。所以，道教有这样一句话：“古之道士，合作神药，必入名山。”

道士之所以选择名山，一方面是因为名山环境清幽，另一方面还是因为高山之上接近天神所居之地，方便修道之士交通神灵以及飞升成仙。《史记》中有一个故事可以为证：据说，当年黄帝采铜首阳山，铸鼎于荆山下。鼎成之后，有神龙垂下自己的胡须下迎黄帝上天成仙。黄帝攀着龙须爬到龙的背上，他的随从群臣及后宫嫔妃一起爬上龙背的有七十余人，大家准备一起骑龙上天宫去。可是，当神龙开始飞升，剩下的臣子无法爬到龙背上，就攀住龙的胡须不肯下来。不料，龙须断落，这些臣子掉了下来，同时还将黄帝的弓连累带了下来。试想，如果当年黄帝不是在荆山上，神龙怎么可以让黄帝骑到自己的背上。可见，高山之上的确是接近神灵的最佳之处。即便是不能立马成仙飞升，退而求其次隐居名山之中炼制丹药，这里都是最合适的地方。青城山、龙虎山、武当山、齐云山被称为道教四大名山，而泰山和茅山在道教发展史中也具有重要的地位和意义。

1. 龙虎山

龙虎山原名云锦山，位于江西省鹰潭市境内，是我国典型的丹霞地貌。山上峰峦叠翠，树木葱茏，以二十四岩、九十九峰、一百零八景、二十多处神井丹池和流泉飞瀑著称于世。龙虎山的形状确实“状若龙虎”，一山曲折盘旋如蟠龙，另一山卧如伏虎，形成龙虎对峙、龙盘虎踞的壮观景象。龙虎山最吸引人的还是山中道观祠寺星罗棋布，据说山上原有10大道宫、81座道观、50座道院、10个道庵，而著名的有上清宫、正一观、天师府等。后屡遭兵火，大多数道观被毁，今仅存天师府一处。作为天师道创始人张道陵修炼的祖坛，历代张天师们的居住之地，道教的第三十二福地，在中国道教史上占有重要的一席。

龙虎山的得名，与天师张道陵的一段神奇故事有关。东汉顺帝年间，天师张道陵行舟自鄱阳湖逆水而上，行至龙虎山时，便被龙虎山壮观的云锦石所吸引，便决定在此结庐而居，专心炼制“九天神丹”。奇妙的是，丹成而龙虎现。因此，云锦山改名为龙虎山。后来，张道陵西行蜀中传衍其教法，创五斗米道。到第四代天师张盛时，重新遵从其父张鲁遗嘱，携祖传掌教印剑自汉中迁回“龙虎山祖师玄坛”，大开坛场，传道布教，其子孙世代居于此，成为正一天师道祖师宗坛。

自龙虎山东行十余里，有“嗣汉天师府”坐落于上清古镇。天师府始建于北宋崇宁二年（1105 年）。是历代天师起居之所，旧时被誉为“南国第一家”，是罕见的世家大府第。天师府的建筑布局，以三省堂为中心，周围环绕着府门、万法宗坛等。

府门濒临上清溪，正中双柱有抱柱楹联：“麒麟殿上神仙客，龙虎山中宰相家。”沿中路进入二门，有一个古“丹井”，据介绍此井又称灵泉井或法水井，过去天师做符咒就取此水，所以远近求服的人很多。历代天师供奉各种神灵，有“万法宗坛”。旧时万法宗坛中塑有天兵天将 138 尊。现在奉三清、四御、三官及第一代天师张道陵、第 30 代天师张继先、第 43 代天师张宇初。左右两侧有配殿，东奉护法王灵官，西供财神赵玄坛。

上清镇东还有上清宫，相传是张道陵草堂旧址，张盛在此设坛场传授符箓。据说，唐武宗会昌年间始于其地建真仙观，宋代再建，先后更名上清观、上清正一宫，素有“神仙所都”、“百神受职之所”的称号。上清宫很早就已经废毁，不过“镇妖井”的遗迹尚存，已然不见昔日法力。据说《水浒传》里的 36 天罡、72 地煞，就是被高太尉从这口井里“放逸”出来的。

2. 青城山

青城山位于四川都江堰市西南，属邛崃山脉的东段，由 36 座山峰组成，因树木繁茂而著称，有“青城天下幽”之美称。据史料记载，远古时代青城山原始居民信“鬼道”，因此有“鬼城山”的说法。秦时青城山叫“渎山”，秦始皇于公元前 221 年统一中国后，将全国 18 处名山大川列为国家祭祀的神山，渎山即是其中之一。秦时四川的地方官吏李冰父子开发渎山，修建了世界著名的水利工程——都江堰。由于道教创始人张道陵创立道教后早期活动主要在青城山一带，许多学者认为早期道教受到当地少数民族信仰很大影响，许多仪式承袭了青城山原住民的习俗。道教信徒把青城山看做是道教发源地，居住在江西贵溪龙虎山的历代张天师都要到青城山朝拜。唐末五代时成都成为一个政治文化中心。与成都若即若离的青城山道教也取得了一次大发展，许多道门中的著名人物如杜光庭、谭峭、彭晓、陈抟等，都曾栖隐青城，杜光庭和谭峭还终老于青城而不出。杜光庭是唐末五代时的道门领袖，备受唐皇室礼敬、更受前蜀王建父子崇奉。一生著述极多。道教教法大得其阐扬，并曾以青城山为基地，屡阻兵锋，北上搜集道书。这时候的青城山，俨然为道教的中心。五代宋初的道教学术，多从川蜀地区承传而出，其因实在于此。降及明末，张献忠据蜀兴兵，攻掠动乱之中，蜀民存活者寡，哀气动天地，青城山道教也随之衰颓。清初，武当山道士陈觉清来到青城山，传全真道教，此后全真龙门派在青城山代相传授。现在，青城山主要道教宫观有：天师洞、祖师殿、上清宫、建福宫、圆明宫、玉清宫等。

天师洞，又称“古常道观”，位于青城山白云溪和海棠溪之间的山坪上，海拔1000米，整个建筑群占地7200平方米，是今天青城山道教协会所在地。殿宇有供奉“三清”的三清殿，供奉黄帝的黄帝祠，供奉伏羲、神农、轩辕的三皇殿，观的最后依山建有“天师殿”，殿宇连接着一山洞，据传是当年张道陵创立道教时居住过的山洞，洞内石龛供奉着张道陵石像，为隋代（589—618年）石刻，是历代张天师前来拜谒祖先的地方，“天师洞”因此得名。

祖师殿背靠轩辕峰，面对白云溪，相传最早是唐代著名道士杜光庭（850—933年）的读书处，主殿内供奉真武大帝和道教“三丰”派祖师宋代道教传奇人物张三丰，故又名“真武宫”。第二次世界大战期间，冯玉祥将军曾居住在祖师殿，殿侧有冯玉祥将军抗日战争胜利时修建的纪念亭和碑刻。上清宫位于高台山南，傍山而建，始建于晋代，现存建筑为清同治八年（1869年）重建。门楼上有蒋介石书写的“上清宫”三字，主要殿宇有三清殿、玉皇殿、供奉孔子和关帝的“文武殿”、“东华帝君殿”等。宫内有一对“鸳鸯井”，二井一方一圆，水源相通，但井水却是一深一浅，一浑浊一清澈。山顶建有“老君阁”，游人站在阁内可以尽览青城的前后山景和山外田野平川。此外，上清宫内还保留了许多近代书法家张大千的绘画和题字。

3. 武当山

武当山位于湖北省均县境内，又名“太和山”，共有72峰、24涧、11个洞穴、9泉、9井等风景名胜，主峰天柱峰海拔1612米。早在道教形成之前，武当山就是方士们修道的地方，道教产生后更是道教信徒向往的隐居修炼之地，相传中国道教历史上著名的尹喜、吕洞宾、孙思邈、陈抟、张三丰等都在武当山修炼过。11世纪后，开始流传真武大帝在武当山修炼达42年并成仙的故事，同时出现一批关于真武崇拜的道教经籍，武当山逐渐成为供奉道教北方之神——真武的主要处所。在武当山，人们不仅把真武看成是北方之神、主水之神，而且把他奉为生殖之神和决定人们命运之神，甚至说他是“太极别体”，直接与“道”相联系，被道教“内丹”派所推崇。武当道教教义中融合了儒释道三教，崇尚忠孝，并将习武作为修炼健身的重要方法，在中国历史上形成了与佛教少林寺武术同样有名的武当山道教武术。武当山的道家拳，包括太极拳、八卦拳、武当剑等，特点是运用“以柔克刚、以静制动”的道教理念，提倡“御敌为主，非困不发，纯用内功”，故称“内家拳”。

武当山供奉的真武大帝铜像

武当山的道教宫观始建于7世纪的唐代，以后几经破坏，历代都有维修。明永乐十年（1412年），明成祖朱棣为感谢真武大帝帮他夺得皇位，派人在武当山大兴土木，历时7年，建成了拥有8座宫、2座观、36座庵堂、72座岩庙的庞大道教建筑群，武当山成为当时全国供奉真武大帝的中心。

武当山紫霄宫

现存道教宫观主要有太和宫、紫霄宫、金顶、复真观、南岩宫等。紫霄宫位于展旗峰下，建于1413年，是武当山规模最大的道教宫观，武当山道教协会所在地。殿宇分中东西三路，中路有龙虎殿、十方堂、紫霄殿、父母殿，东西两路各为东宫和西宫。龙虎殿供奉青龙白虎二保护神，像高3米多；十方殿供奉灵官神，两旁矗立着高9米、重90多吨的石碑，篆刻着明成祖修复武当山道观的事迹与功德；紫霄殿是正殿，建在高大的石台上，中间神龛内供奉身着龙袍的真武大帝神像，边上有四尊铜铸的鎏金真武神像，其中一尊为武将打扮，其他三尊分别为真武大帝青年时、中年时和老年时不同时代的神像，而在殿内东西两壁还有28尊不同形象的真武像。父母殿的楼下供奉着真武大帝的父亲“圣公”和母亲“圣母”，楼上供奉着玉皇大帝和女神斗母。太和宫建于1416年，正殿太和殿又名“朝圣殿”，正中供奉铜制鎏金真武大帝神像，下方排列道教雷部八天君，其他建筑还有朝拜殿、钟鼓楼、诵经堂、戏楼、三官殿，对面有小莲峰，上建转展殿，殿内石雕莲花座上有一个大德十一年（1307年）湖北、河南、浙江等地信徒捐赠的铜制殿宇。相传，原是放在金顶的，因明成祖认为太小，被移至小莲峰上，故称“转展”。

金顶即天柱峰峰顶，上建金殿一座，金殿除殿基由花岗岩铺垫外，殿顶、门窗、墙柱等都由铜所铸成，为铜制仿木建筑，高5.54米，宽4.4米，深3.15米，为1416年建造，据说共使用21吨铜和30千克黄金。殿内供奉真武大帝铜制鎏金神像，两旁立有金童玉女、水火二神将，神案下有龟蛇二将，连同殿内供器均用铜制鎏金制成，光彩夺目。整个天柱峰顶仅20平方米大小，金殿外修筑了高大石砌围墙，东西南北各设一石门，但只有通向太和宫的南天门可以通行，其余三门外面都是绝壁悬崖，有“自古通天一条路”之意。

武当山金顶金殿

4. 齐云山

齐云山又名白岳、云岳，位于徽州（今黄山市）休宁县城西约15千米处，海拔1000余米，面积60多平方千米，因最高峰齐云岩得名，以幽深奇险著称。有36奇峰、72怪岩、24洞及其他许多洞泉飞瀑，与黄山、九华山合称“皖南三秀”，素有“天下无双胜境，江南第一名山”之誉。唐代建寺，宋代宝庆二年（1226年）建佑圣真武祠，成为道教中心。宋代嘉靖皇帝敕建殿，御赐山额，以后佛、道两教繁盛，建有三清殿、玉虚殿、无量寿宫、文昌阁等著名道观。

5. 泰山

泰山为五岳之首，被称为“五岳独尊”，位于山东省泰安、历城、长清三县市之间，主峰海拔1545米。东岳泰山之神，号称东岳大帝。历史上，泰山曾是齐鲁二国的交界，齐国在泰山之北，鲁国在泰山之南。早在战国时代，北方的齐国兴起方仙道，方士们就泛舟渡海，寻找海上三神山，但大海毕竟烟波渺茫。海上三神山不但难寻，而且航途艰险，所以方士们便不免要向站立于大地的山岳寻讨仙药，冀遇仙人。泰山云涛浩浩，变幻难穷，若仙若人飘忽其间，俨然超绝尘寰的神仙世界；加上泰山又“峻极于天”，自是与遨游天宫的神仙邂逅的大好处所，所以方仙道的风气很早就传到了泰山。泰山之南的鲁国，则是儒学的摇篮。帝王们登泰山封禅，礼仪活动主要又由儒生们主待，所以泰山同样也早染儒风。到唐玄宗时，禅泰山归，问道士司马承祯五岳由什么神主领，司马承祯回答说：“五岳本各有道教上清真人领治，而现在的五岳神祠都是山林之神，并非真正的神灵。”于是玄宗敕在五岳庙外别立真君祠，建立其形象制度等，由司马承祯按道经创意为之。自此，泰山由方仙传衍转为道教繁盛之势，并被列为道教三十六洞天的第二洞天，名曰莲玄洞天。存留至今的泰山道教祠庙，最负盛名的当属供奉东岳大帝（即泰山神主）的岱庙和碧霞元君祠。两座神祠一在山麓，一在山巅，两位神灵则一主死一主生。

五岳之尊——泰山

岱庙又称岱宗庙、泰庙，是道教宫观建筑中规格最高的宫观庙宇，历代帝王的封禅和对东岳大帝的祭祀均在此举行。岱庙规模宏大，总面积近万平方米，整座建筑仿效皇家宫殿，也有一条南北向的中轴线，殿宇皆为红墙黄瓦，显示了庄严至尊的气魄，就连四周围修筑的10米高的城堞也颇有派头。不过，由于岱庙北倚泰山，南向平原，北高南低形成了山庙一体，错落有致，完全没有了皇室宫殿建筑的刻板与呆滞。

在早期道教史中，泰山的地位更多地表现在封禅上。据载秦统一以来有 12 位皇帝曾在泰山举行封禅祭拜大典，历朝有 94 代帝王在泰山举行各种级别参拜。其实，考察中国历史，泰山之所以隆崇，很重要的原因就是这里是唯一一个皇帝可以在此祭祀上天的地方。不过，这样的封禅大典，并不是随便哪一个帝王都能举行。在泰山举行封禅大典的帝王必须功高盖世，还得是有道之君，否则，封禅不但不能得到上天的祝福，反而会贻笑天下，招致灾祸。据载，自以为功高盖世的唐太宗在贞观年间（627—649 年），也欲东巡举行功成告天的封禅大典。不料有彗星出现，太史令薛颐因而上言，声称：“考诸玄象，恐未可东封。”唐太宗不得不中止了封禅，此后再没有轻举妄动去举行封禅大典。但对泰山也还是小心谨慎，不断派遣道士醮祀泰山神。

泰山碧霞祠

在泰山上还有一座著名的道观就是碧霞祠。碧霞祠位于岱顶天街和大观峰之间，西有观星台，东通仙人桥，南为狮子峰，上达玉皇顶，位置绝佳。祠中供奉的是碧霞元君，也就是传说中的泰山奶奶。碧霞元君的贴金铜坐像凤冠霞帔、安详端庄。

6. 茅山

茅山为道教“上清派”发祥地，位于江苏西南，江苏省西南部，原名地肺山，又名句曲山，更名茅山，与当地的民间传说和信仰有关。据说，古时曾有神仙茅初成得道于此山。西汉时，陕西咸阳人茅盈先入北岳恒山修习道法，后来到句曲山华阳洞潜隐，接着他的两个弟弟茅固、茅衷也同隐于句曲山。茅氏三兄弟善于医道，精通药物病理，常在民间行医，扶危济困，深受老百姓爱戴。百姓为感佩其恩德，更名句曲山为茅山。并将三个主要山峰称之为“大茅山”、“二茅山”和“三茅山”。此后，茅山成为历代道教信徒修炼的最佳处所之一，出现了许多著名的道教名人。晋时，葛洪在茅山修炼并撰写了中国道教最著名的著述《抱朴子》；364 年，许谧父子和杨羲在茅山开创道教“上清派”，主要崇奉元始天尊；公元 488 年，道教神仙家陶弘景在茅山著述了《真诰》、《真灵位业图》等，形成道教茅山派。唐宋之后，这里建起了许多宫观，成为道教正一派三个主要中心之一，茅山的道士备受历代帝王的宠幸，得到朝廷封赏，将茅山所有的山林土地都赏赐给了道教宫观。公元 16 世纪后，全真道龙门派道士开始来到茅山修建全真派道教宫观，由此茅山成为中国道教正一派和全真派共有的胜地。

抗战时期，茅山的道教宫观几乎全部被日本侵略军烧毁。

1949 年新中国成立后，开始恢复茅山道教宫观，1963 年位于山顶的九霄万福宫大殿和神像竣工，并举行了隆重的开光典礼。20 世纪 80 年代后，茅山的道教活动重新恢复，在政府的资助下，经茅山道教界的努力，先后修复了九霄万福宫，元符宫和乾元观等一批道教遗址。九霄万福宫位于大茅山山顶，因此又称顶宫，最早是茅盈三兄弟修炼时居住的石室，为后人祭祀茅家三兄弟的处所。明万历二十六年（1598 年），在原址上建成殿宇，赐名九霄万福宫。1982—1998 年陆续修复，现主要建筑有灵官殿、藏经楼、太元宝殿、二圣殿、三天门、飞升台等。太元宝殿为九霄万福宫的主建筑，面积 200 平方米，中供奉茅盈、茅固、茅衷“三茅真君”，左右两侧殿壁之间分别镶嵌 45 位茅山各方神仙石刻和历代在茅山得道成仙者的牌位。二圣殿是供奉三茅兄弟的父母茅祚和许氏的地方，宫内还有相传是葛洪当年炼丹用的水井等古迹。元符宫相传是当年陶弘景修炼的地方，8 世纪前后才建成殿宇，宋徽宗于 1106 年将其改称为元符万宁宫，并赐玉印一颗，因此又称印宫。现存主要建筑是 1988 年修复的，睹星门、灵官殿、碑亭、万寿台、太元宝殿等。睹星门为石制门洞，原是道士观察星象的地方，分左中右三个门洞，宽 21. 8 米，高 7. 5 米，1987 年修复，门左右石壁上刻有“第八洞天，第一福地”八个大字，系清代著名书法家王澍于 1728 年所书。万寿台在宋元时期是专为帝王和太后祈求上天赐福灭灾，进行拜天上表仪式的“圣台”。1992 年修复，台上下三层，青石砌成，最高层中央有一座石坊。20 世纪 90 年代，茅山道教协会在万寿台北积金峰南坡修建了一座高 33 米的老子坐像，成为茅山道院的标志性人文景观。乾元观相传是秦代方士李明真人炼丹的地方，11 世纪开始建观，元代以后成为茅山全真道龙门派重要宫观之一，1993 年之后陆续修复。现为茅山道教坤道（道姑）居住清修的道教宫观，主要建筑有灵官殿、三清殿、福寿堂、刑赏堂等。

三、著名宫观

1. 北京白云观

北京白云观位于北京西便门外，前身是唐玄宗时建造的玄元皇帝庙。玄宗开元二十九年（741 年）“诏令两京及诸州各置玄元皇帝庙一所”。玄元皇帝即老子，被李唐朝廷推为远祖，也就是说，这原本是一所专奉老子的皇家祖庙，白云观至今仍珍藏有唐刻玉石老子像。老子庙后改为天长观，天长观在金世宗大定十四年（1174 年）曾完成一次大规模扩建，准领“十方大天长观”，成为当时北方最大的丛林制道观，并由单独供奉老子发展为奉祀三清、玉皇等。因为是道教丛林，居金之京都，所以当时的高道，如真大道教创始人刘德仁、全真七子中的王处一、丘处机等人，都先后到这里访道参玄，影响甚极一时。那时的“十方大天长观”，已俨然为北方道教的中心。

金章宗泰和三年（1203 年）重建，改名为太极宫。金末元初王重阳创立道教全真派，他的弟子之一丘处机又创全真道龙门派。元正大元年（1224 年）丘处机在雪山谒见成吉思汗后回到大都（今北京），居住在太极宫，成吉思汗封丘处机为长春真人，太极宫也改名为长春宫。丘处机在长春宫传播全真道龙门教义三年，死后葬于宫内处顺堂下，长春宫即成为全真道祖庭之一。元

北京白云观

末，长春宫毁于兵火，明代重建。明正统八年（1443 年），英宗赐匾额白云观，遂改名为白云观至今。

清代白云观盛极一时，著名道士王常月三次开戒，受戒弟子一千余人。康熙皇帝做太子时，也曾来白云观受方便戒。白云观的建筑也因此不断扩大，现占地面积六万多平方米，房屋面积一万多平方米，有钟鼓楼、灵官殿、三官殿、财神殿、玉皇殿、三清四御殿等神殿，另有后花园、戒台、窝风桥等附属建筑。1957 年，中国道教协会成立，会址设在北京白云观；1991 年，中国道教学院成立，院址也设在白云观。

2. 山西永乐宫

永乐宫，正式名称为纯阳万寿宫，“纯阳”是吕洞宾的道号，是全真道信徒纪念他们推崇的创始人吕洞宾的。吕洞宾是妇孺皆知的一位得道仙人，他像唐人传奇中的剑侠一样，顷刻千里，飘忽无踪，所以又有人称他为“剑仙”。据说，吕洞宾早得仙道，多有功德，本可升入天宫，但他矢志要度脱众生出苦海，所以始终隐显尘世，解危济困，深受百姓爱戴。吕洞宾的道迹仙踪遍及大河上下，长江南北，所以到处都有百姓为他建立的祠庙，其中最著名的要数永乐宫。

永乐宫的旧址，在山西芮城县永乐镇招贤里，据说是吕洞宾的故宅。这里地处黄河之北，雷首山之阳，山川蕴秀，土青林郁，自古以来圣迹很多。雷首山绵亘数百里，因地而异名，其中一段名首阳山，是中国最初的有名隐士伯夷、叔齐栖遁的地方。又有中条山，是药王孙思邈采药炼丹、行医济人的地方，永乐宫所在永乐镇，便倚卧蒲山与中条山之南阿。要数这地方的仙圣，最为百姓所熟知，而且也让百姓最感亲切的，就是吕洞宾。在民间故事和宋以来的传奇文学中，有很多吕洞宾得道成仙的传说。吕洞宾得道后济世利人、除暴安良，乡人慕其德、感其恩，便在吕洞宾的故宅修一吕公祠祀奉他。

吕公祠在金代末年改祠为观，却又毁于大火。元世祖中统三年（1262 年）重建，马真皇后降敕升观为宫，为大纯阳万寿宫，后改名永乐宫。由当时著名的全真派道士宋德方住持，永乐宫便成为全真派的大丛林。明清时仅存四个殿堂。

1959 年，因修建附近三门峡水利工程，将永乐宫全部建筑从永乐镇迁移至龙泉村复原保存。主要建筑有龙虎殿、三清殿（又称无极殿）、纯阳殿（又称吕祖殿）、重阳殿（又称七真殿）等，均为元代建筑。永乐宫最著名的是各殿墙上的壁画，为中国绘画史上之杰作。各殿壁画的总面积达 960 平方米，绘制历时 120 多年。三清殿的《朝元图》全长94.68米、画面高4.26米，共有424平方米，描绘的是众神仙朝拜元始天尊的情景，全图286位神仙，神态各异，栩栩如生，堪称“东方艺术之冠”。纯阳殿的《纯阳帝君仙游显化图》，共52幅，描绘吕洞宾游仙的故事。从这些图画里，可以了解当时的吕仙信仰及吕洞宾的有关传说。重阳殿内有《重阳真人壁画》49幅，描画的是全真教祖王重阳及全真七子修道传道诸事，可以作为史卷阅读，这些壁画备受文物部门和艺术界的重视。1949年新中国成立后，被国务院定为全国重点文物保护单位。

3. 陕西重阳宫

重阳宫，全称重阳万寿宫，俗称祖庵，位于陕西省户县祖庵镇北的刘蒋村，重阳万寿宫为王重阳葬骨处，也是王重阳的故里，是全真祖师生前死后的寄迹处，所以金元时也成为全真道徒的一大活动中心。公元1170年王重阳去世后，其弟子马丹阳将其遗骨带回，在他最初筑庵修道的地方，建祠纪念。后其弟子们向社会募资修建成道观，定为全真派祖庭。

元时，扩建并改名为重阳万寿宫，兴盛时规模宏大，有房五千余间，居住道士达万人。现在规模已远不如以前，约占地八千余平方米，主要建筑有老君殿、祖师殿等，大都是明清两代和新中国建立后修建的。但仍保存着元代镌刻有汉、蒙和八思巴文的古碑三十余通，是研究中国道教历史的重要资料和宝贵文物。

4. 陕西楼观台

位于陕西周至终南山麓。道教相传，周代函谷关令尹喜，曾在其故宅结草为楼，观侧星象，瞭望云气，所以称作草楼观或楼观。道教庙宇称作道观，即由此沿袭而来。据说，尹喜仰观天象时，忽见有紫气东来，吉星西行，知必有圣人临关。当时老子西游，由楚入秦，经函谷关。尹喜乃前往迎拜老子，请入楼观。并请著书以传后世，老子便在说经台讲授《道德五千言》，由此玄风大起，楼观便成为最早的道教圣地，被称作天下道教祖庭。迄今楼观还留有说经台、老子墓、系牛柏等遗迹，每年都有众多的游子信士来这里追缅先贤，寻溯道源。

秦始皇为了成仙，崇信老子，在楼观台南建立清庙，汉武帝时又在楼观台北建望仙宫。唐宋两王朝的帝王笃信道教，在楼观台大兴土木，不仅宫观的建筑规模不断扩大，而且吸引了许多著名的道士前来修道，成为全国数一数二的道教活动中心。被推崇为全真道祖师之一的吕洞宾，据称就是在楼观台修炼，最后得道成仙的。唐代皇帝追认老子为皇室远祖，并赐田地，作为俸禄，并改楼观台为宗圣观（意为皇家祖先庙），著名书法家欧阳询撰写的大唐宗圣观记碑，流传至今。唐开元九年（741 年），玄宗梦见老子，醒来根据所梦地点在楼观台东南小山挖掘出玉制老子像一尊，于是将小山命名为显灵山，建会灵观，并在观内立唐老君显见碑，至今犹存。宋时，改宗圣观为顺天兴国观，加封老子为“太上混元皇帝”，至今仍留下了宋代著名书法家米芾的天下第一山和苏东坡的游楼观台题字等碑刻。元代以后，楼观台多次遭到破坏，多次修复。现存建筑有老子祠、灵官殿、斗母殿、太白殿、藏经阁等，以及老子墓、说经台等遗址。

说经台建在终南山麓一突起的峰顶，古殿隐匿在树林之中。沿竹林小道蜿蜒而上，清幽深远。苏轼登说经台曾赋诗赞叹：“此台一览秦川小，不待传经意已空。”大有夫子登泰山而小鲁邦之意。顺着说经台的山门，有石阶盘道通至台顶。山门两旁，钟、鼓二楼相对峙。进山门，有四个主要殿堂即老子祠、斗姥殿、救苦殿和灵宫殿，并有太白、四圣二配殿。庭院里古柏参天，碧竹颀秀，为楼观说经台增添了几分闲适和恬静。

出说经台向北二里多路，是宗圣宫的遗址。宗圣宫是唐代的建筑，原本殿宇轩昂，宏伟异常。可惜屡遭毁坏，现在已经荡然无存。遗址处尚存几株千年古柏，蓊郁葱翠，虽历经风风雨雨，却依旧盎然挺立，不为炎凉而变色，当地民众赞其坚韧，赠雅号“楼观九老”。在遗址偏东处，有一棵相传是老子拴过青牛的系牛柏，历时两千余年，苍劲依存。到元朝时，皇子安西王为重现老子系牛故事，着令雕琢一石牛，伏于古柏下，供人观看。

第八章

道教的道术与仪规

一、道教的道术

道教创立后，在道教成仙理论的指导下，继承古人治道的方法，结合自身的修炼，创造出一整套修炼成仙的方术，其内容主要有内丹、外丹、心斋、守一、定观、坐忘、内观、导引、存想、吐纳、存思、听息、服气、辟谷、服食、守静、内视、胎息、房中等。

1. 外丹与内丹

外丹是相对内丹而言的，又称炼丹术、仙丹术、金丹术等，指用炉鼎烧炼金石，配制成药饵，做成长生不死的金丹。炼丹术在我国起源甚早，约产生于汉武帝时，当时方士李少君“化丹砂为黄金”作饮食器，就是烧炼金丹。汉魏伯阳著《周易参同契》，用阴阳论述金丹，被誉为“万古丹经王”。东晋葛洪对当时流传的外丹加以总结，著《抱朴子》一书，将外丹分为神丹、金液、黄金三种，并称金丹为药，烧炼时间越长，变化越多，百炼不消，毕天不朽，人若服用能够长生不死。南北朝时外丹得到进一步发展，唐代达到兴盛，出现了孙思邈、陈少微、张果等炼丹家，服食外丹成为一种风气。然而外丹术难于掌握，且多含毒性，故进入宋代后外丹道渐渐衰微，被内丹道所取代。

内丹是相对外丹而言，又称修炼龙虎、吐纳、胎息之术等。所谓“内丹”，实际上是一种比喻性的说法，道门中人从外丹烧炼过程得到启发，把自身内气的调理看做炼丹过程。在道教修行者看来，人体就像炉鼎，自身的精气就是药物，意念是“火”，呼吸之气是“风”，意守“丹田”以“起火”，调整呼吸节奏如鼓风，以风吹火，而有“火候”的行持进退。根据道教文献的记载，内丹炼养有不同层次，各家体验有异，下手功夫也不尽一致。就一般情况来说，大体分为这样几个阶段：筑基、炼精化气、炼气化神、炼神还虚。所谓“筑基”就是基础的培筑，就像盖房子一样，基础要牢固，才能完成后面的工序。丹家认为，一个人降生到世间，自婴孩而逐步长大，由于外界的诸多干扰，精、气、神都会亏损，有的亏损得轻一些，有的则亏损得重一些，但不论情况如何，亏损是不可避免的。因此，修炼内丹首先应该筑基，这就是“炼神、调气、养精”。当精、气、神“三全”的时候才可以进入“百日关”。之所以说“百日”，是因为“筑基”之后的“初关”——炼精化气，需要一百天，故而有此说法。“初关”的基本程序包括：采药、封固、炼药、止火四个步骤，因为操作过程需要意念的导引，所以被当做“有为”功夫。由于百日关功夫乃是引导内气运行于任脉、督脉，业内人士称此为“小周天”。炼通了“小周天”之后，就进入“炼气化神”的阶段，也就是过“中关”，其基本程序包括：六根震动、七日生大药、抽铅添汞、守中、温养圣胎、移胎等。这个阶段体现了“有为”向“无为”过渡的特点，因为其操持以温养为主，好像“十月怀胎”，所以又称作“十月关”。在这个阶段，精气运行贯通了十二经络，好像天体二十八星宿运转如龙，因此称作“大周天”功夫。通了“大周天”之后，就可以进一步“炼神还虚”，道门称此为“上关”，其具体过程包括：乳哺、温养、出神、还虚等。与前两个阶段不同，本阶段是“无为”功夫，修行者任其自然，逐步提升境界。

内丹修炼的高级形式称作“胎息”。所谓“胎息”就是模拟婴儿内呼吸的一种方法。又称“脐呼吸”、“丹田呼吸”。就是说不用口和鼻子呼吸，如在孕胎当中，就是胎息。道教认为，达到胎息功夫就可以返老还童，恢复机体的生机。

2. 守一与坐忘

守一指在身心安静的情况下，把意念集中到身体的某一部位。缘于老子的“载营魄抱一，能无离乎”之句。《庄子·在宥》说：“我守其一，以处其和。”就是说守心一处，而处于身内阴阳二气的和谐之中。李远国《道教炼养法》对守一的修炼方法介绍为：首先要排除外界的干扰，有安静清洁的环境；其次要求专心一意，将苦恼、烦闷、忧愁、喜怒等个人的情绪一概置之度外，尤其要克服名利之心，要重视个人的道德修养；修炼时一定要注意身姿的舒适、自然，至于姿势，坐卧均可；由浅而深，循序渐进，一步步做起；修至一百日为小静，二百日为中静，三百日为大静；验证方法主要是通过感光的显示，初炼时，瞑目内视无光无色，次而有光感：“守一复久，自生光明”，进而“神明进光，久视电光”，最后光明益大，“明有日出之光”，洞照天地上下，人体内外，可见自身或天地万物。

坐忘指静坐忘身，达到无所不忘的虚无状态，见《庄子·大宗师》："堕肢体，黜聪明，离形去知，同于大道，此即坐忘。"郭象注解说："夫坐忘者，奚所不忘哉！既忘其迹，又忘其所以迹者，内不觉其一身，外不识有天地，然后旷然与变化为体而不通也。"就是说排除各种干扰，忘掉自身的存在，达到与道合一的境界。正如《道枢·坐忘篇下》说："坐忘者，长生之基也。故招真以炼形，形清则合于气。含道以炼气，气清则合于神。"唐司马承祯《坐忘论》将其修炼过程分为七个阶段：一敬信，二断缘，三收心，四简事，五真观，六泰定，七得道。敬信指尊重、信任大道的存在；断缘指断绝尘世间的各种姻缘；收心指保持本心清静，远离外境，不为尘俗所染；简事指断简事物，应物而不为物累；真观指用心去观察现象世界，认清它的虚幻不实，不为外物所迷惑；泰定指即将得道的境界，"无心于定，而无所不定"；得道指形神统一，修成长生不老之真身。道教修炼此法一般坐于机上或者席地而坐。

3. 辟谷与服食

辟谷，也称断谷、绝谷、休粮、却粒、辟粮等，指不食五谷，分为自然辟谷和人为辟谷。自然辟谷指功夫修到一定层次，气足自然不思饮食。人为辟谷指专做辟谷的功夫，或不食烟火食，而食别的药草果实等。田诚阳《中华道家修炼学》将辟谷分为五种类型：一、不食五谷杂粮，即米面之类；二、不食人间烟火，即不食熟食；三、不食油盐，中华道家又称"上清斋"；四、禁绝一切食物，专门服气；五、服用药物，代替食物。辟谷有三种目的：

一是为了清洁内脏，达到净化内脏的效果；二是为了休息肠胃，达到治愈身体某些疾病的效果；三是为了解决住山修炼时，避免断粮之后造成的困境。总之辟谷是不食五谷杂粮，而代之以别的东西，并不是什么都不吃。

服食，也称服饵，指服用中草药或金石炼成的金丹。道教服食的药包括丹药和中草药，指各种膏丹、丸、散、汤剂、酒方。道教服食的饵指糕饼一类，泛指各种营养品，其原料大致分为血肉品、草木品、菜蔬品、灵芝品、香料品、金玉品六大类。其做法分为糕点、酥酪、膏露、清蒸、红荟、粉蒸、烤炸、溜炒、腌熏、焖炖十大谱系，简直是一套完整的营养菜谱。道教服食的目的有时是修炼的需要，有时是代替饮食，有时是为了坚固自己的形体。

4. 导引与存思

导引指学习外界事物的动作，导行肢体，以通经络。《庄子·刻意》篇说道："熊经鸟伸，为寿而已矣，此导引之士，养形之人，彭祖寿考者之所好也。"就是说：像熊一样地攀爬树木并悬挂在半空，似鸟一样展翅而伸腿，这是长寿的需要，是学习导引、锻炼身体、保养体形，做到如彭祖一样长寿之人的追求。三国时华佗所创的五禽戏即是比较著名的导引法之一。道教的导引法还有八段锦、二十四气导引坐功图势、十二月导引法等。

存思，又称存想、存神，简称存。存指意念的存放，思指冥思其形。唐司马承祯《天隐子》就谈道："存谓存我之神，想谓想我之身。"就是说存思自己身上的神。道教认为神无所不在，无所不存，身内身外都有神，如果能存思这些神，神就会安置其身，达到长生久视的目的。道教的存思法主要有二十四真法、二十四神行事诀、九室存思法、七童卧斗法等。

二、道教的斋醮科仪

斋醮科仪是道教的祭祷仪式，其方法为设坛摆供、焚香、化符、念咒、上章、诵经、赞颂，并配以烛灯、禹步和音乐等，以祭告神灵，祈求消灾赐福。

道教诸经所说的斋法，即斋的方式，大致可分为三种，一是设供斋，二是节食斋，三是心斋。前两者是外表口味方面的斋法，后者是内里心识方面的斋法。三者之中，心斋最为重要。道教认为凡是要仰仗神力的事如祈福、禳灾、拔苦、谢罪、求仙、延寿、超度亡人等，都要修斋，所以诵经、礼忏、祭炼、建醮并一切道场法事，都把修斋视为应当首务之事。“醮”即祭祀，斋醮往往连称，俗称“道场”，也就是法事。

“科仪”是道教习用的术语。在历史上，可以用来笼统地指称道教的经诰、戒律、规范、礼仪等。站在了解和研究道教的角度看，道教不但有其系统的教理教义和信仰，而且有其特定的宗教形式，所谓“科仪”即是对其宗教形式各个方面的概括。结合道教的教法来说，“仪”的类型主要有两种。一种是传度仪或称授度仪，包括传经、授箓、传戒和度人出家等方面的法式规范，这类道书，《道藏》中有很多，如南朝刘宋时道士陆修静的《洞玄灵宝授度仪》、唐道士杜光庭的《正一阅箓仪》、宋道士贾善翔的《出家传度仪》等。另一种是坛仪，如坛场布局、登坛位次、法具安置、作法仪轨等，这类仪式主要用于斋醮，另有投金龙玉简仪，在性质上与斋醮之坛很相近。

与仪相关联，道教又有所谓“威仪”。《道藏》三洞各分作12部，其中第七部即“威仪”。《道藏》中有《正一威仪经》，所述威仪有30种，即受道、法服、入靖、启奏、读经、讲经、事师、奉斋、受戒、忏悔、礼拜、烧香、燃灯、鸣钟、鸣磬、章奏、醮请、法具、食器、器用、居处、卧具、屦履、井泉、用水、饮食、动止、游行、住观、死亡。这30种威仪，囊括了入道奉教及道士日常生活的衣食住行等各个方面，是对各种教规的综括。

道教斋醮科仪包括道场科仪、祀典科仪和其他方面的科仪。

道场科仪也即坛醮，或叫法事、道场，来源于我国古代社会的坛祭。所谓“坛”就是在平坦的地上用土筑的高台，古代用坛来祭祀大神及远祖。张道陵开创道教的时候就有了坛醮的仪式，寇谦之、陆修静时期达到鼎盛，唐末五代的杜光庭集其大成。后来施坛醮向畸形发展，有的脱离了道教的规范，内容极其荒唐，成了迷信职业者骗取钱财的手段。

不同类型的斋醮，需筑不同的坛。布置完场所后，还要举行一定的仪式。现代全真道场的一般程序和礼仪是：头通鼓的时候要燃灯和献供品。供品种类有多样，一般道场讲究神前敬献香、花、灯、水、果、茶、点、宝、珠、食等十样十品。有的丛林宫观每逢道场节日，方丈、监院亲临登坛献供。二通鼓的时候要献香，献香分焚香和捻香两种。焚香由殿主进行，捻香由观主进行。接着拜表、读表、焚疏，然后方丈或高功读“回向文”，即祝祷国泰民安。然后接着诵经。诵经完毕，两班道众一同朝上三礼，转身对面，拱揖退坛。

道教坛醮，是教徒宗教活动的主要内容，但对有些道士来说他们却以从事坛醮为职业，向请他们作法事的人，索取一定的报酬。明代以后，各种坛醮更是五花八门，吸取了相当一部分佛教的法事仪式以争取众多的信徒。

祀典科仪在古代主要是为皇帝生日、公主结婚、皇室祭祖等举行仪式。近现代，道观中常见的祀典有圣诞、祝厘、接驾、祭星和展墓等。

圣诞是指道观在道教尊神和祖师诞辰日举行庆祝活动，自明清以来，为礼拜神仙或者纪念祖师而举行的斋醮道场，很多都演绎为庙会，如农历正月北京白云观的燕九节庙会，农历四月由碧霞元君等女神圣诞而形成的泰山庙会等。

祝厘即祝福。祝厘活动在三元节或中秋、重阳、春节等节日里举行，与民同庆，为民祝福。祝厘时烧香设供，举办吉祥道场，奉诵《玉皇经》等。

接驾是在农历十二月二十五日迎接玉皇大帝出巡。道教认为，玉皇大帝每年在这一天出巡天上人间，察看善恶祸福，道观需举办道场，迎接帝驾。一般奉诵《玉皇经》、《皇诰》、《心印妙经》等。

祭星是祭祀星神。其仪礼包括启坛、宣咒、鸣法鼓、称法位、忏悔、宣词、十愿、复炉等。白云观将祭甲子神称为祭星，也就是祭值年星神。一般在正月的七至九日祭星，与燕九节结合在一起。游人则到六十甲子殿中去祭自己的本命星神。

展墓就是扫墓。道教有醮墓仪。规定子孙须祭祀先人坟墓所在山川土地神祇。其法要求在墓旁设坛立神座次，向山川土地、墓神和先人亡灵上香、上茶、上酒、拜跪、读祝文、供祭品等。道教还规定，除清明节外，中元节（七月十五）和十月初一都要上坟，要奉诵《救苦经》和《升天得道经》等。中元节往往还要放焰火。在民间，作度亡醮是道士的一项重要活动，民间的送葬仪式，披麻戴孝本是儒家礼仪规制，而诵经度亡则属道释所为。儒、释、道三教，都渗透到民俗活动中。

道教“威仪”内容包罗甚广，除斋仪、醮仪、忏仪、戒律、清规外，还有所谓“出家经训仪”、“出家传度仪”、“上殿诵经仪”、“入道修道仪”、“住观威仪”、“行止威仪”、“沐浴仪”、“服饰仪”等。

三、道教的清规戒律

1. 道教的戒律

道教的戒律是约束道士思想言行，防止“恶心邪欲”，“乖言戾行”的条规。戒是规定禁止修道人去做的，律是犯戒后给予的处罚条款。戒律的作用在于坚定信徒的宗教信仰，提高信徒的道德水平，维护教团内部的秩序。

道教发展初期戒律简约，主旨为减贪欲、守清静。例如五斗米道中有犯过失后要到静室中悔过，要去修路的规定，这就是早期的律。南北朝以后出现了条文烦琐的戒律，其内容有的仿效于佛教。后世道教的主要戒律为初真戒、中极戒、天仙戒，即所谓三坛大戒。一般说，正一派对持戒不重视，全真派则较为重视。明清时期，道教戒律思想臻于完善。

道教戒律的种类很多，律条有简有繁，约制有松有紧。总的来说，道教主张随缘受戒，因人品高下受戒，《玉清经·本起品》就认为上品之人，身先无犯，所以用不着持戒；下品之人，恶心万般，难可禁制，戒也戒不住。因此戒律主要是对那些“心有上下”的中品之人，使他们“以戒自制，不令放逸”，用宗教道德导之向“善”，勿使为恶。

道教的戒律很多，且品级有别；条文有繁有简，最基本的有三坛大戒、三皈依戒、五戒、八戒、初真十戒、元始天尊二十七戒等。此外还有六十戒、一百二十九戒、三百戒及多至一千戒者。

2. 道教的清规

道教除戒律外，还有“清规”。戒律作为警戒于事前的行为准则，具有强制性；“清规”则是对违犯戒律的道士的处罚条例，具有惩罚性，是前者作用的延伸。清规作为戒律的补充和发展，出现于金元之际。道教清规由各道派或道观自己订立，轻者要被罚跪、责杖、驱逐，重者则被处死。清规主要是用于维持正常宗教活动和生活秩序，约束道士做到心清意静，循规蹈矩。如清咸丰六年北京白云观《清规榜》规定有23条：

开静贪睡不起者，跪香；

早晚功课不随班者，跪香；

早午二斋不随众过堂者，跪香；

朔望云集祝寿天尊不到者，跪香；

止静后不息灯安单者，跪香；

三五成群，交头结党者，迁单；

失误自己执事，错乱钳捶者，跪香；

奸猾慵懒，出行不随众者，跪香；

上殿诵经礼忏，不恭敬者，跪香；

本堂喧哗惊众，两相争者，跪香；

出门不告假，或私造饮食者，跪香；

毁坏常住物件，照数包补者，仍跪香；

越职管事，倚上倚下，横行凶恶者，跪香；

厨房抛撇五谷，作践物料饮食者，跪香；

公报私仇，假传命令，重责迁单；

毁谤大众，怨骂斗殴，杖责逐出；

无故生端，自造非言，挑弄是非，使众不睦者，逐出；

违令公务，霸占执事者，逐出；

茹荤饮酒，不顾道体者，逐出；

赌博引诱少年者，逐出；

偷盗常住物件及他人财物者，逐出；

犯清规不受罚者，杖责革出，永不复入，逐出；

违犯国法，奸盗邪淫，坏教败宗，顶清规，火化示众。

“跪香”即罚跪，燃完一炷香为止；“迁单”即降职；“逐出”即下催单，逐出丛林。随着历史的变迁，上述清规戒律也在与时俱进。内容与国家法律相抵触者，大都自动取消；与法律不矛盾者，则依然沿用。

四、道士的称谓与修持

1. 道士的称谓

道士的称谓，有些是习惯性和礼仪性的，如称道长、大师等；有些则是职司性和身份性的，如方丈、监院、三洞法师等。按照道教的传统，称谓可分为两大类。一类是神前上表奏章疏、祈请祷告时的自称，这一类与所受经书戒箓及所在道阶有关，按照道教的教规，受相当的经书戒箓及相应的道阶后，可以在神前称“臣”，所以这一类自称，近似于世俗臣僚向皇帝上奏疏时的题署，内容包括爵禄官职，道士上章则要写明道阶法号等。另一类则是日常礼仪性和习惯性的，包括道士的互称、世人对道士的称呼等。

神前奏章时的自称，实际上就是道教的教阶。这个教阶制度，现在已经废弃不用了，但对我们研究某些道书，却很有参考价值。根据某部道书中的自称，我们可以了解到作者的派别、所受经书戒箓等。而且，教阶制度本身，也反映出道教的历史变化。

礼仪性和习惯性的道教称谓，有些也是从教阶制度中变化出来的。变而为礼仪，就成为道教的某种标志。再相因而成习惯，说明这种标志得到了教内外的承认。

对道士的称谓有道士、先生、贫道、弟子、天师、正一真人、大德、女德、女冠等，其中许多对于研究道教史都有参考价值，但现在都废弃了。现在教外人称道士，一般通称为“道长”，不分男道士和女道士。叙述性的称谓，则男道士为“乾道”，女道士为“坤道”。教内年龄相当者，一般互称“师兄”、“道友”，不分男女或派别。对年长道士，有些地方性的习惯，如西北地区多称“某爷”，而西南则多称作“某大师”。宫观内一些道士的称谓与职司有关，如方丈、监院、住持，后二者在习惯上又称作“当家”。近年各种道教协会组织多有成立，与职司相关的称谓，又有“会长”等。

2. 道士的修持

宫观道士的日常修持，大略可分为两类。一类是规范性的日常功课，另一类是宗教生活和文化生活方面的自习自修。

日常功课分早坛功课和晚坛功课，主要内容即诵经念咒。所用经书，一般是黄绫封面的刻印经褶本，道士人手一册，平时念熟，早晚坛时入殿堂或念或唱，由高功或经师领头，有时则有唱有和，念时敲打铃铛木鱼等法器，以合音节。早坛功课经，主要有《太上老君说常清静经》、《高上玉皇心印妙经》、《太上灵宝天尊说禳灾度厄真经》。晚坛功课经，主要有《元始天尊说升天得道真经》、《太上洞玄灵宝救苦妙经》、《太上道君说解冤拔罪妙经》。经文一般都很短，多是四言韵文，便于诵唱。经文前有咒，如《净心神咒》说："太上台理，应变无停，驱邪缚魅，保命护身，智慧明净。心神安宁，三魂永久，魄无丧倾。"其余有《净口神咒》、《净身神咒》、《安土地咒》、《净天地神咒》、《祝香咒》、《金光神咒》、《开经偈》及《上元天官宝浩》等多种诰文。

日常功课是宫观道士的日常必修课，按清规，居观道士每日必须上殿诵念早晚坛功课经。作为功课经的经诰，多出于南北朝及唐宋时期，如《太上洞玄灵宝升玄消灾护命妙经》出于南北朝，《太上老君说常清静经》约出于隋唐，大都有历代高道所作解注，且多已收入《道藏》。这些经，或以清静为宗，或以精气神之内修内炼为本，是很凝练的道教教理教义。

日常功课是规范性的，从功课经中可以了解到道教的一些基本教义。除规范性的早晚功课外，宫观道士的日常修持，还有较为丰富，也较为自由宽松的宗教生活和文化生活。宫观内道士，早五更开静，以敲钟、打云板为号。起床后，洒扫殿堂庭院，练习太极拳、八卦掌等道教武术，有些高功则要练习嗓子。白天各司所职，或值殿，或经办事务。晚上止静前，是道士的自习自修时间。有些宫观，要不时将道士集中起来，学习经书。高功、经师有时也汇集一起，习诵经忏。但大多数时间，道士可自由选择修习内容，如研习经书、琴棋书画等。在古代，因为传度经戒法箓时要抄写经书，各种宗教活动又往往要用符，所以道士多勤于练习书法。这是道教的一种文化传统，现代的一些道教宫观，依然有很浓厚的练习书法风气。从总体上看，无论出家道士还是在家道士，都崇尚以修持清静真性为宗本。但宗教生活和文化生活并不单调枯燥，日常修习，能够按照各自的兴趣进行选择。在宫观内，看到三两道士对弈，或听到琴声传出，都是很自然的事。止静后，道士通常要练习内丹功或静功。

五、道教的主要节日

道教节日与道教的神真信仰和宗教生活密切相关，在不同的节日，一般要举办相应的斋醮法事，不但道士集会，而且影响到民俗活动，有大量的朝觐香客，风俗相沿，形成“庙会”。因为与民俗活动早有关系，又吸收中国传统节气时令，所以道教的节日很频繁。曾在教内外流行的主要道教节日，大约有如下：

1. 三元日

正月十五日上元日是天官诞辰；七月十五日中元日为地官诞辰；十月十五日下元日为水官诞辰。上元节即民间的“元宵节”，又衍传为天师张道陵的诞辰。七月十五是道教的中元节、佛教的盂兰盆节，民俗则称作“鬼节”，保留了古代五腊祭鬼神的遗风。

2. 戊日

戊日是道教的重要忌日，道教称作“戊不朝真”。对于这个忌日的源流始末，难以作出详细的考证。一般是以干支纪日，逢六戊日，即戊子、戊寅、戊辰、戊午、戊申、戊戌，关闭殿堂，不上香，不诵经。殿堂门上悬挂戊字牌。此六戊为“明戊”。另有所谓“暗戊”，如四月的寅日，八月的申日等，精熟此道的人也把这几天当做忌日。

3. 祖师诞辰

道教是多神教，既有各宗派共同崇拜的三清四御尊神，也有宗派各自崇拜的祖师神。前者反映出道教的基本信仰及教义，后者则多与地方性的民俗活动有关，衍生出影响不等的道教节日。现依道教习惯，简列其祖师诞辰如下：

正月三日，全真七子之孙不二、郝大通诞辰。

正月九日，玉皇大帝诞辰。

正月十五日，天师张道陵诞辰。

正月十九日，全真七子之丘长春诞辰，即燕九节。

二月初一，全真七子之刘长生诞辰。

二月三日，文昌帝君诞辰。

二月十五日，太上老君诞辰。

三月初三，真武大帝诞辰。

三月十八日，全真七子之王处一诞辰。

三月二十八日，东岳大帝诞辰。

四月十四日，吕祖纯阳诞辰。

四月十四日，钟离权诞辰。

四月十八日，紫微大帝诞辰。

五月初一，南极长生大帝诞辰。

五月十三日，关圣帝君诞辰。

五月三十日，全真七子之马丹阳诞辰。

夏至日，灵宝天尊圣诞。

六月二十三日，火祖诞辰。

六月二十四日，雷祖诞辰。

六月二十五日，二茅茅固诞辰。

七月十二日，全真七子之谭处端诞辰。

八月一日至二十七日，北斗星下降之期。

九月一日至九日，南斗星下降之期，即九皇会。

九月初九日，王重阳诞辰。

十月初三，大茅茅盈诞辰。

冬至日，元始天尊圣诞。

十二月初二，三茅茅衷诞辰。

十二月二十三，灶神升天日。

六、道教的各种神仙

道教是多神教，所信奉的神仙很多，包括至高天尊、诸天神、地祇和仙真。道教的神仙系统，是在发展的过程中逐渐扩充而形成的。在发展的不同阶段及不同宗派中，所崇拜的神仙也有变化。

1. 三清四御

三清即玉清元始天尊、上清灵宝天尊、太清道德天尊，为道教所崇奉的最高神。唐宋以来，宫观建筑的中心就是“三清殿”，供奉元始天尊、灵宝天尊、道德天尊三位尊神，称“三清”或“三清尊神”。一般是元始天尊塑像居中，左为灵宝天尊，右为道德天尊。道德天尊即老子的神化形象。

道教三清尊神

四御是仅次于三清的四位天帝，他们是昊天玉皇大帝、中天紫微北极大帝、上宫天皇大帝、承天效法后土皇地祇。

说到玉皇大帝，民间莫不将他看成天上的“皇帝”，万神世界的最高统治者，神仙佛祖一律都需要听命于他。实际上，就道教的神仙谱系来说，玉皇的地位低于三清。道教认为，每年的正月初九日是玉皇大帝的生日，称“天诞”。每年的腊月二十五是玉皇大帝的出巡日，说此日玉皇大帝要下界巡视众生，考察人间善恶福祸。这一天，道教宫观举行道场，迎接玉皇大帝，称为“斋天”。腊月二十五日晚子时，举行接驾仪式，十分庄严隆重。

中天北极大帝，又称“中天紫微北极太皇大帝”。这一神名来源于古代对北极星的崇拜，其职责是协助玉皇大帝执掌天经地纬、日月星辰和四时气候。

上宫天皇大帝，又称“勾陈上宫南极天皇大帝”。这一神名也来源于古代对勾陈星的崇拜，他的职责是协助玉皇大帝执掌南北极与天地人三才，统御诸星，并主持人间兵戈之事。

承天效法后土皇地祇，简称“后土皇祇”、“后土”。与玉皇大帝相配而成“天公地母”、“天皇地祇”。这一神名来源于古代对土地的崇拜。“后”指女性，“土”指大地，“后土”意为“大地母亲”，故民间称为“后土娘娘”。她的主要职责是掌握阴阳生育、万物之美与大地山河之秀。

2. 三官

三官神是道教中地位比较高的神，在民间的影响也很大。三官信仰源于古代宗教中对天地水的自然崇拜，在西南少数民族原始宗教中也存在三官信仰。早期道教在创立之初就吸收了传统的三官信仰，奉天、地、水三官为主宰人间祸福的大神。东汉末年，张道陵在四川鹤鸣山创立五斗米道，设立了鬼卒、祭酒等名号，利用三官信仰为民请祷治病。至宋代，将三宫与三元日（正月十五、七月十五、十月十五）联系起来，所以后来人们又称三官为三元。

道教三官神

3. 真武大帝

真武，即玄武，民间俗称为真武大帝、荡魔天尊，道教尊奉的大神之一。明朝以后在全国有极大的影响，近代以来南方民间信仰尤甚。

玄武神的起源与古代的星辰崇拜有关。我国古代把天上的恒星分为二十八群，称为二十八宿，根据其出没的中天时刻以定四时。战国以后，逐渐把二十八宿分为四组。分别以四灵来命名，即东方青龙，南方朱雀，西方白虎，北方玄武。玄武即龟蛇，因北方七宿的星形似龟蛇，故名。

道教产生以后，吸收了民间的玄武信仰，并进一步将玄武神人格化，促进了玄武信仰的兴盛。唐代尊崇道教，出现专门祠祭玄武的宫观。而玄武的煊赫，则始于宋代。北宋为了避宋真宗赵玄朗的讳，改玄武为真武。宋真宗时，真武加号为“镇天真武灵应佑圣真君”，真武信仰盛行。真武神在北宋的形象仍是龟蛇，到南宋时，真武神日益人格化。其形象多为仗剑大神，足踏龟蛇。至元代，真武又被晋升为“元圣仁威玄天上帝”。明初，朱元璋之子朱棣发动“靖难之变”，夺取王位，据说，整个行动中真武曾屡次显灵相助。朱棣称帝后特加封真武为“北极镇天真武玄天大帝”，并大规模修建武当山的宫观庙堂，在天柱峰顶修金殿，奉祀真武神像。真武信仰在明朝达到鼎盛，宫廷内和民间普遍建真武庙。一般庙中供奉的真武神像，多是披发、黑衣、仗剑、踏龟蛇，旁边也有塑金童玉女的，据说是替真武大帝记录三界中的功过善恶。

白云观真武大帝雕像

4. 文昌帝君

又称文曲星，或文星，原为古代对斗魁六星的总称，后被道教奉为科举士子的守护神。过去读书人为了保功名，多崇祀文昌帝君。

白云观文昌帝君

追溯本原，文昌应是“文昌星神”与四川地方“梓潼神”结合产生的。在天象中，北斗魁星附近有文昌六星，其中“司禄”星主贵贱爵赏，“司命”星主人寿命，民间十分信仰。道教吸收此信仰后，称为“帝君司命之神”，分为左、右。左司命称韩元信，右司命称张子良，是对汉高祖功臣的神格化。“梓潼神”原是四川地方的守护神，唐朝时屡次显灵，唐玄宗封为“左丞相”，禧宗加封“顺济王”。宋太祖加封“忠烈仁武孝德圣烈王”，宋真宗于咸平年间又封为“英显武烈王”。元延祐三年（1316 年）加封为“辅元开化文昌司禄宏仁帝君”。自此以后，“文昌星神”遂与“梓潼神”合二为一。清代，农历二月三日文昌生日时，朝廷官员都前往庙宇祭祀。各地建有大量的文昌庙，其神像多为雍容慧颜，坐下白驴。有趣的是，在文昌帝君的左右，有两位侍从的童子，一个叫天聋，一个叫地哑。文昌既然司人年命、贵贱、禄籍，当然不可以随便泄尽天机，所以叫他的侍从知者不能言，言者不能知，想要知道自己的前程，就只能找文昌帝君本人。有这样两个侍从既可安全保密，又可大权独揽，人们造神真是颇费苦心。

5. 星君与灵官

中国古代对天的信仰中，把天上的发光体分为三种，即日、月、星。其中对星的信仰最为复杂，主要有北斗七星、二十八宿，以及金、木、水、火、土五星。古代以为星象可以决定或反映人世间各种事物的发生发展以及人的生死祸福。除此之外，古人还以为季节的更替，气候的变化，风、霜、雨、雪等自然现象都由天上的星主持，所以古代对星的信仰与人的生活密切相关。道教出现以后完全接受了这些信仰，并把星神化，也就成了所谓星君。当然其中也有变为道教大神的，如真武大帝的信仰。道教中还有雷神、电母、风伯、雨师等，他们虽不称星君，但也都是来自星斗信仰。

道教中的灵官是护法之神，能济世助人，有九地灵官、十天灵宫、水府灵官等名号。大概后来也模仿佛教中的五百罗汉，又造出了五百灵官。传说真武大帝入山修道，其父净乐国王遣将率五百兵前往寻觅，后来这五百兵丁也修道不返，修成道果之后便成了五百灵官。那率领兵丁的五位将官亦成道果，被称为五显灵官，也称为“灵官大圣华光五大元帅”，其中最著名的就是民间广为信奉的王灵官。传说王灵官为宋代道士林灵素的再传弟子，曾为玉枢火府天将，大概其信仰出现于南宋。明永乐间京城有道士周思得，自称得王灵官之法，成祖祷之屡验，遂建宫观供奉，并封为隆恩真君，致使王灵官的信仰大大地发展起来。

6. 妈祖和碧霞元君

在中国，女性的仙佛具有非常重要的作用。佛教的观世音菩萨原是男性，据说也有显示女相教化民众的时候，在中国却独以女身行，称为观音娘娘。道教的西王母、卫房圣母、送子娘娘、眼光娘娘，痘神娘娘……女神有一大串，而且都是与人们尤其是妇女的实际生活联系着的。不过从宋明以后，民间威望高、庙中香火旺的女神，除观音之外，北方莫过于泰山老奶奶即碧霞元君，南方则莫过于妈祖。

妈祖，在进入官方祀典后，从宋代到清代，封号层层加码，宋宣和五年被封为“顺济圣妃”，元至元十八年册封为“护国天妃”，清康熙二十年加封“天后圣母”，列祀典。直到清代咸丰同治年间还在增加封号，截至同治十一年，封号多至70个字，真是古今稀有。但是在她的祖地福建沿海，却仍称为妈祖，或马祖。据说，马祖是闽南人对未出嫁的姑娘在家的称呼。妈祖的称号，说明天后的起源是在民间的。她是民间的神祇，后来才进入道教殿堂。

传说她原名林默，出生于福建莆田县湄洲屿，其母梦吞南海观音所送优钵花而受孕，怀14个月而生，生时异香数十里，经久不散。林默小的时候非常聪颖，曾遇一奇异道人授以“玄微真法”。长大成人后，又在古井中得到“天书”，从此颇具神通，通晓变化，并能治病救人，很受当地百姓信赖。传说她经常在海上救济危难中的船民，保佑渔舟、商船平安。将近30岁时，她辞别家人，独自泛舟远去，从此再未归来，传说在湄洲屿成仙登天。

由于林默生前为百姓做过很多好事，大家怀念她，就在岛上建庙纪念，每年祭祀。相传她常穿红色的衣服，云游海上，显灵救护遇到灾难的渔民和客商。从宋代以后，妈祖就被作为海上救难女神受到沿海人民的供奉。元朝重视海运，官府航海必先到妈祖庙祭祀，然后才能出海。传说郑和下西洋，郑成功收复台湾，都曾得到妈祖女神的保佑。每逢农历三月二十三日妈祖生日，朝拜者数不胜数，香火非常旺盛，民间对其极为崇拜。

崇奉妈祖女神，至今在香港和台湾都很盛行。尤其是台湾的文化与大陆本来就枝茎相连，民间文化与闽南的渊源特别深。因此直到今天她仍是台湾与大陆共同的文化中的一个因子。后来有不少人漂洋过海到南洋以至大洋彼岸谋生，妈祖的崇拜也就带到了海外，在异国他乡也建起了妈祖庙。携带着故乡文化的种子，具有不忘祖国固有文化的意味，妈祖崇拜已成为一种联系海内外华人的精神纽带。

在山东泰安，提起泰山老奶奶，可以说是无人不知，无人不敬仰。据说，泰山老奶奶是有求必应，十分灵验的。这位泰山老奶奶，道教中称作碧霞元君，她的宫殿在泰山之巅，玉皇顶的东下侧。

关于碧霞元君的来历，有人说是黄帝之玉女，有人说是东岳大帝之女，也有人说民间女子修道而成。不管她的来历是什么，碧霞元君作为道教女神，其慈母般的形象，千百年来一直受到百姓的尊崇与爱戴。有学者说，“碧霞元君最初只是被认为能管理妇女问题，所以士大夫中没有人注意。后来祭祀的人渐渐杂了多了，声名渐渐远了，于是她的智能，也就由香客意识的转变，而一天天扩大，到了现在，差不多一切人间的祸福都能管了。”作为女性神仙，虽然道教正统神学对碧霞元君的定位并没有带上女性特有的性格，但在信仰中，碧霞元君最大的特点就是体现出了女性特有的善良、仁慈、美丽与祥和，而且和蔼可亲、乐善好施，这从民间对她泰山娘娘或泰山奶奶的称呼上就可以看出。

7. 土地和城隍神

土地是中国古代神话中管理某一片地面的神，后为道教所尊奉，又称社神，俗称土地爷。该神源于古代的社神崇拜。人们认为土地长育万物，使人生存，因此要每年祭祀，以酬其功。祭祀社神的日期，称为“社日”，一般分为春社和秋社。秦汉以后，总司天下土地的社神逐渐演变为与天帝相应的“后土皇地祇”，由国家专祀。而各个地方、乡村的社神则逐渐演变为道教神系中地位很低的小神。虽然位卑，但民间信仰却极为普遍，旧时凡有人群聚居之处就有土地神存在。汉唐以后，土地庙遍布全国各地，庙中土地神一般用石凿刻或泥塑成，常为一穿袍戴帽的白发老翁，有些土地爷旁边还塑一老妇人形象，称为土地奶奶，是土地爷的配偶。而有的土地庙中则没有神像，只是插上一块木牌，上写某某土地神，人们也会虔诚的供奉。

城隍神是中国古代神话中守护城池的神，后为道教所信奉。南北朝时正式称为城隍神，唐朝时封爵，五代时加封为王，宋代列入国家祀典，城隍神庙遍布全国，信仰极为普遍。

城隍神的职权，原来主要是守御城池，保障治安。道教吸收其信仰后，扩大为护国安邦，剪恶除凶，调和风雨，管领死人之魂等事。甚至各级官员赴任，都要按例到城隍庙宣誓就职，以取得保佑。道士建道场“超度亡魂”，要发文书知照城隍神，才能拘解亡魂赴坛。旧时民俗，常在春、秋、冬三季，举行盛大的城隍出巡活动，人数众多，声势浩大，热闹非凡，城隍神已经渗入到了百姓日常生活之中。

8. 财神、灶神、瘟神、门神

财神，本来是人们按照自己生活的追求，想象出来的职司之神。原先人们求神许愿，几乎都是为消灾纳福，财为福字题中应有之义，所以开始并没有专职的财神。到了宋元之后，大约是商品经济有了较大发展，人们对财富的欲望强烈起来，慢慢地将求财的希望集中寄托在几位神道身上，便演变出了在天界理财的职司之神——财神。由于民间财神信仰广泛，所以财神众多，不同时代、不同地区各有所尚。人们信奉的最有名的财神是赵公明，除此之外在历史上出现过的财神还有比干、范蠡、关公、柴荣、五显财神、财公财母、和合仙官、文昌帝君、活财神沈万山及财神使者。

民间奉祀财神，有的在正月初一去财神庙敬奉，有的在家接财神帖子，或在店堂接由人装扮的财神。迎财神是除夕之夜一项重要的民俗活动，就连春节吃的水饺，都被称为财神爷给的元宝。除夕之夜，人们守夜等候迎接财神。正月初二则把除夕迎来的财神像集体祭祀后焚化，叫祭财神。祭品多用活鲤鱼和羊肉，取“鱼”、“羊”之合为“鲜”意，表示新财神降临，一年有发新财的好运。此时财神庙开庙，人山人海，香火甚旺。

灶神又称灶王，是中国古代神话传说中主管饮食的神。后来变成操掌一家的生死祸福，并随时记录家中各人的功过，每年腊月二十三日夜里，上奏天庭。所以民间在这一日要祭灶，希望灶王爷“上天言好事，下地保吉祥”，“好事替我多说，恶事替我隐瞒”。还有的人们为了讨得灶王爷喜欢，免得他胡乱表奏而遭殃，每到祭灶日，都用麦芽糖或饴糖祭祀，以封其嘴。腊月三十日灶神从天上归来，此晚还要“接灶”，形成了一套中国特有的祭灶风俗。

瘟神顾名思义，是散布瘟疫的恶神，瘟神的出现源于古人对瘟疫的恐惧。《素问》一书中提到：“五疫之至，皆相染易。”所以后世的瘟神多为五位。隋唐时，即有春瘟张元伯，夏瘟刘元达，秋瘟赵公明，冬瘟钟士贵，总管中瘟史文业。民间常于农历五月五日祭祀，祈求消灾免疾。

门神是道教和民间信仰的守卫门户之神。旧时人家多把门神贴于门上以辟邪驱鬼，禳灾迎福。对于门神的说法各代不一。汉代门神指神荼、郁垒。到了唐代，门神则改指秦叔宝、尉迟敬德。据传唐太宗时夜不能寐，常听门外鬼魅呼号，秦叔宝、尉迟敬德手持兵器站在门前站岗，这样便能够安心入睡，于是唐太宗命画工给两人画像，悬在宫门，用来震慑妖魔鬼怪，这就是门神的由来。宋以后，门神更加多样，主要有“武门神”和“文门神”两种神。前者常为威严凶猛的武将形象，道教称之为“门丞户尉”，代表神荼和郁垒、秦叔宝和尉迟敬德、马超、赵云、张飞等；后者的代表有天官、仙童、加冠和进禄、刘海蟾、状元、送子娘娘等，皆取美名以迎祥。

道教还有很多神仙，如捉鬼的钟馗、消灾祛病的药王、福禄寿三星等，都寄托了老百姓美好的愿望。

对神灵的信仰素拜，自古以来便存在于民众生活中。人们对现实社会难以解决的各种问题，诸如旱涝歉收、战乱流离、天灾横祸、生老病死，以及追求福寿安宁、功名顺利、事业发达、婚姻幸福、多子多孙等愿望，都寄托于神灵佑助。因此民间祀神活动历来非常兴盛。无论是道教尊奉的天尊玉帝、神仙真人、太上老君、王母娘娘，以及日月星辰、山川土地、阴曹地府之神，或是外来的西方佛祖、南海菩萨、上帝、圣母等，都被中国老百姓当做能满足其世俗愿望的神灵，一律敬奉礼拜，祈祷祭祀。老百姓信奉的神灵有的来自佛教，有的来自道教，而佛道二教为争取信徒，也不断从民间信仰中吸取新神，编入其神仙谱系，并再次推广于民间。

道教崇奉的关帝、玄帝、三官、文昌帝君、东岳大帝、吕祖、妈祖、城隍神、王灵官等神灵最受民众崇祀，由官府或皇帝御敕修建的这些神庙道观遍布都府州县，香火旺盛。民间私建的龙王、药王、雷公、火神、山神、财神、土地爷爷、送子娘娘等大大小小的神庙，更是星罗棋布，遍及全国乡村城镇，其数量之多，难以计算。在善男信女们看来，诸神各有职司，能解决不同的问题。祈雨拜龙王，消灾奉关帝，治病祷药王，送葬请道一，想发财敬财神，求子嗣供娘娘，读书人拜文昌求功名如意，出海人拜妈祖保佑平安，正月十五奉天官赐福，腊月底祭灶王免过，城隍庙看抬神，东岳庙逛庙会。四时八节、五行八作，各有所奉神灵及仪式活动。于是道教的信仰便超出宗教的范围，而与普通民众的生产活动和文化娱乐水乳交融，成为人们生活风俗的重要内容。

后 记

道教是中国的本土宗教，是中国文化的重要组成部分。鲁迅先生就曾说过：“中国根柢全在道教”，所以了解了道教才能从根源上真正地了解中国文化。

本书意图采用理论与故事、传说相结合的形式介绍道教发展的历史、人物、文化和思想，达到说理不枯燥，讲故事不远离历史的效果，但终因本人学浅识寡，还有很多不足之处，望读者见谅。

本书编写的过程中参考了卿希泰先生《中国道教史》，任继愈先生《中国道教史》，王卡先生《道教三百题》、《中国道教基础知识》，谢路军先生《道教概论》、《中国道教文化》、《中国道教源流》，吴言生编著《道教故事》，唐那壁先生《道教的故事》等前辈的著作，书中未能一一随文详注引用文献目录，在此一并申明并表示感谢。

王　卉
2013 年 5 月